ITALIA
Resoconti di viaggio

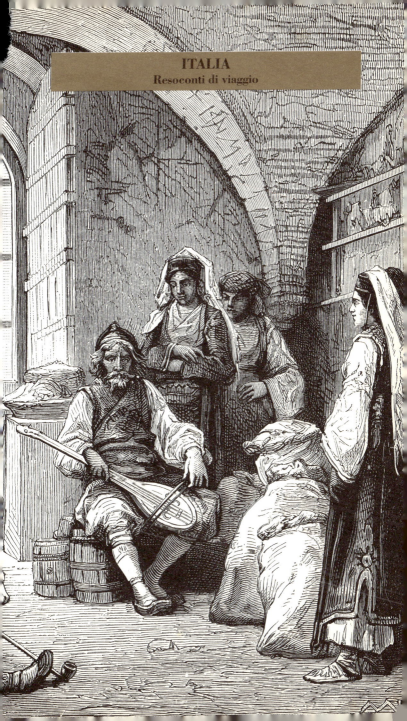

ISBN 978-88-6391-158-9

Copyright © 2014 Edizioni Biblioteca dell'Immagine
Via Villanova di Sotto, 24 - Pordenone

Prima edizione Giugno 2014

Carlo Yriarte

1874
DALMAZIA

Edizioni Biblioteca dell'Immagine

ITALIA

Resoconti di viaggio

VOLUMI PUBBLICATI

Carlo Yriarte
ISTRIA
IL GOLFO DEL QUARNERO
E LE SUE ISOLE

Carlo Yriarte
DALMAZIA

PROGRAMMA EDITORIALE 2014

Carlo Yriarte
MONTENEGRO
uscita in Agosto

Christian Wilhelm Allers
NAPOLI vol. I
uscita prevista Settembre

Christian Wilhelm Allers
NAPOLI vol. II
uscita prevista Ottobre

Alice Comyns Carr
GENOVA
uscita prevista Novembre

Carlo Yriarte
RAVENNA
uscita prevista Novembre

Eugenio Muntz
PISA
uscita prevista Dicembre

Gaston Vuiller
PALERMO
uscita prevista Dicembre

Per informazioni, consigli e critiche potete scrivere a
giovanni@bibliotecadellimmagine.it

PER IL LETTORE

Carlo Yriarte ci ha lasciato nelle Isole del Golfo del Quarnero dopo averci accompagnato in Istria.

Oggi, con lui, riprendiamo il viaggio dentro la Dalmazia.

Come per l'Istria Yriarte ci porterà a conoscere paesi, città, monumenti, mercati, usi e costumi del Popolo Dalmata.

Il tutto, ancora una volta, raccontato anche visivamente grazie alle tavole qui raccolte.

In Dalmazia Yriarte svela ancor di più le sue qualità di profondo conoscitore della storia, dell'arte e, sopratutto, dell'anima umana.

Terminato il viaggio in Dalmazia Yriarte ci porterà nel magico mondo del Montenegro.

Magico mondo perché, credetemi, basta lasciare la costa ed entrare per qualche chilometro dentro la terra montenegrina e tutto, o quasi tutto, ritorna ad essere eguale a quanto visto e descritto da Yriarte.

Provare per credere.

Giovanni Santarossa

Chi lo desidera può scrivermi a: giovanni@bibliotecadellimmagine.it
Volentieri attendo suggerimenti e richieste di informazioni e, se lo volete, potete ricevere il programma delle uscite editoriali previste.
Con il programma riceverete gratuitamente l'adesivo del logo REALE COMPAGNIA VIAGGIO ITALIA che trovate pubblicato in copertina.

DALMAZIA

Capitolo I

Partendo da Fiume alla volta della Dalmazia, ci vogliono diciassette ore per arrivare a Zara; movendo dalla punta delle Isole, da Lussin Piccolo, in sei ore si approda alla capitale del regno. Quando il tempo è propizio, è un tragitto incantevole pei viaggiatori. I piroscafi del Lloyd, comodi e sicurissimi, condotti quasi tutti da abili ufficiali dalmati, rasentano sempre le coste; contate i villaggi perduti nella montagna e i minimi porti della costa: come entro immensi viali liquidi, navigate tra i meandri de' canali formati da questa moltitudine d'isole adagiate parallelamente al continente.

Nell'Adriatico convien navigare nella primavera o al principio d'autunno. Il novembre è fatale, e gli ultimi giorni dell'inverno sono sempre pericolosi per il navigante. Man mano che avanzate verso Oriente, le tinte si fanno più chiare, le acque diventano argentine, le montagne, per così dire, si volatilizzano, e galleggiano in un'aria leggiera, tutta suffusa di luce del tono dell'ambra. Gli accessorii si coloriscono, e prevalgono sul fondo della decorazione, e il vento, gonfiando le vele latine, oltrepassate dalla nave, spiega agli occhi del viaggiatore ammaliato gli affreschi mobili delle loro grandi Madonne bizantine in atteggiamenti vigorosi.

La Dalmazia forma una lingua stretta, limitata dalla Croazia e dall'Erzegovina, e serrata in tal modo tra le montagne e il mare Adriatico, che la costa pare essersi sbocconcellata in un'infinità d'isole. In certi punti la lingua di terra è così stretta, che, dall'alto delle loro cime, i Turchi potrebbero bombardare una flotta ancorata ne' porti dalmati. La larghezza minima è a mezzodì verso Ragusa, e l'estensione maggiore tra il capo Planca e il monte Dinara, poco al disotto di Sebenico.

Una piccola catena delle Alpi, che va da ovest a est e si attraversa per passare dall'Italia nella Carniola, continua in questa direzione fino alla Grecia, separa le acque dell'Adriatico dalle acque del Danubio e del mar Nero, e arriva in Albania, vicino a Pristina. I contrafforti e le catene secondarie, che se ne staccano verso l'ovest e il sud-ovest, formano le montagne della Dalmazia.

Quattro fiumi, considerevoli in certe parti del loro corso, formano quattro bacini, e tagliano il sistema di montagne della Dalmazia in quattro catene. Queste acque scorrono verso l'Adriatico, scavando delle valli, e a mano a mano che si avvicinano al mare, i monti aumentano d'altezza e terminano in picchi elevatissimi.

I fiumi sono: la *Zermagna*, che limita la Croazia; la *Kerka*, che nasce a breve distanza dalla Zermagna, passa vicino al forte di Knin, arriva a Scardona, vi forma una caduta celebre, e si getta nell'Adriatico, nel golfo di Sebenico; la *Czettina*, che corre da nord a sud, poi volge ad ovest, e si getta nel mare ad Almissa; infine la *Narenta*, che scaturisce nell'Erzegovina, a venti leghe dalla Dalmazia, prende proporzioni di vero fiume, e si perde nelle paludi, al disotto di Fort Opus.

La terra è arida, rocciosa, e il suolo manca all'agricoltore; in certe parti, da Zara a Knin, avviene di percorrere cinque o sei leghe di terreno senza trovar terra vegetale; appena sulla cima delle colline, o negli interstizi delle rupi, vedete alzarsi alcuni alberi stentati. Tutta la ricchezza del paese è costituita da armenti di bestiame magro, e la vita è dura per il Dalmata, sobrio, altero e avvezzo alla fatica. Le antiche foreste della Dalmazia, che figurano ancora sull'atlante del Coronelli, il geografo della serenissima Repubblica, non esistono più, e sono divenute macchie di virgulti e di cespugli. Una statistica curiosa ha stabilito che nel momento in cui i Francesi entrarono vincitori in Dalmazia, un *milione e centomila* capre brucavano i teneri germogli e impedivano agli alberi di ingrandire. Quando Venezia assoggettava ogni cosa a regolamenti in questa terra conquistata, emanò un editto per limitare il numero di questi animali, e determinare le condizioni di pascolo. Marmont, duca di Ragusa, fece altrettanto al principio di questo secolo.

Se il paese è povero, la razza è notevole. Dicono che, sottoposti al duro regime della miseria, i fanciulli deboli muoiono giovani; sopravvivono soltanto i robusti, e così la razza si perfeziona. Tutta questa popolazione dalmata è forte, valorosa, capace d'entusiasmo; gli abitanti sono ignoranti, ma semplici, fiduciosi, e sempre leali. Fu detto che la Dalmazia è il paese delle "porte senza serratura". Il furto è sconosciuto; i loro misfatti sono misfatti d'uomini che assaliscono di fronte, e ai quali ripugnano la viltà e l'ipocrisia. Contuttociò, questi Dalmati, alti, complessi e forti con fisonomia nobile, aspetto guerriero, sono infingardi e indolenti, e le loro donne, al pari delle Kabile, devono compire lavori durissimi, mentre i mariti si spassano oziando. Sono improvvidenti, e l'idea del risparmio non entra in loro. In questi ultimi anni, dopo raccolti piuttosto abbondanti, ebbero un anno di penuria, e la miseria fu grande: tuttavia il paese, desolato e devastato come da un flagello, rimase sicuro come per il passato.

Si conta il numero dei viaggiatori che hanno attraversato il paese in tutti i sensi; e poiché bisogna andar a piedi, o a cavallo, affine di passare dappertutto, si contano principalmente i pochi che, avendolo fatto, hanno dato relazioni del loro viaggio. Noi ci siamo già domandati perché questo paese, così vicino all'Italia, rimanesse sconosciuto, mentre si fanno tante spedizioni lontane: il viaggio è pieno d'interesse, ma è malagevolissimo; è uno dei pochi paesi in Europa dove possiate ancora soffrire la fame, la sete, il freddo. Aggiungo tuttavia che, fissando l'itinerario e preparando giudiziosamente la scelta della nottata, si è quasi sicuri di dormire in un letto tutte le notti; partiti da Zara con un letto da viaggio, lo abbiamo rimandato alla costa, dopo un'esperienza di quindici giorni, in cui ci era riuscito un impaccio inutile.

Le strade sono rarissime, ma sicurissime, non ostante l'aspetto tetro del paese, la fisonomia fiera degli abitanti, e l'arsenale d'armi che ciascuno porta abitualmente addosso. Il Dalmata è ospitale, e non curante delle piccole astuzie intese a speculare sul viaggiatore e a smungerlo. La vita, essendo più che semplice, è a buonissimo patto; la sola spesa a cui non potete sottrarvi è quella risultante dalle necessità di locomozione. Sulle poche strade maestre, i trasporti, anche per carretto, sono cari; e quando prendete i sentieri per attraversare le alte montagne, il nolo de' cavalli, de' muli e delle guide necessarie è piuttosto elevato; ma, costando poco la fermata, c'è compensazione. A chi voglia avventurarsi ad una escursione in Dalmazia, consiglio di porre in fondo alla valigia un po' di buona acquavite e alcune conserve, giacchè spesso, dopo dieci ore di cavalcata per strade difficili, abbiamo sofferta la fame in alloggi fortuiti, e i nostri ospiti, col miglior buon volere del mondo, non potevano trovare né un uovo, né un pugno di riso, tanta è la miseria in certi villaggi, e tanto è meschina la vita dello Slavo di montagna, e ridotta allo strettissimo necessario.

Quali furono, nel corso de' secoli, i destini di questo paese di Dalmazia, fino al giorno in cui i trattati del 1815 lo diedero all'impero austro-ungarico?

Per non rimontare più in là de' tempi di Roma antica, le tre *guerre illiriche* fanno passare questo territorio nelle mani de' Romani, che lo dividono in tre province, specie di feudi che riconoscono il potere centrale, ma hanno vita propria. La Repubblica dalmata prospera: conta fin ottanta città, e numerosi eserciti, che ben presto ribelli alla dominazione di Roma, le contendono le colonie vicine di Lissa e di Traù. Queste ultime invocano l'aiuto del Senato, e si apre così l'era delle *guerre dalmate*, che durano cinquantasei anni, e attestano il valore della razza illirica. Agrippa, Tiberio, Germanico, Ottavio Augusto devono conquistare il terreno palmo a palmo, e il nono anno dell'era cristiana vede il paese intero sottomesso al potere definitivo della Roma imperiale. Fin allora il paese era chiamato Illiria; esso diventa Dalmazia, e poiché fu ribelle al potere feudale impostogli dalla metropoli, perderà ogni traccia d'indipendenza. È del resto il periodo della sua gloria e della sua prosperità, e la Dalmazia segue i destini dell'Impero. Quando i barbari, Goti, Longobardi, Avari, Eruli, fanno irruzione nell'Occidente, distruggendo nel loro passaggio tutte queste città brillanti, di cui rinveniamo le rovine: Scardona, Salona, Epidauro, Nova, Promona, e tante altre.

Dietro a loro vengono i Croati e i Serbi, che si dividono il territorio; poi il paese cade in mano degli imperatori greci, e quando i Turchi invadono Costantinopoli, i re d'Ungheria succedono ai Greci bizantini. A volta a volta comandano in Dalmazia i Saraceni, i Veneziani, i Napoletani, e fino i Genovesi; i pirati di Narenta vi fanno tali scorrerie, che i Veneziani, i quali pretendono avere il dominio del golfo Adriatico, vengono in soccorso ai Dalmati, e, per compenso della sicurezza restituita, tolgono loro l'indipendenza.

Dal giorno che Venezia regna da Cattaro fino al golfo di Trieste, quattro trattati successivi mutano ancora i destini della Dalmazia. Il 6 settembre 1669, la convenzione che mette fine, colla cessione dell'Isola, alla gran guerra di Candia tra il Turco e i Veneziani, consacra il diritto di questi ultimi su tutto il territorio, e vengono nominati dei plenipotenziari per stabilire i confini dei possessi. Nonostante gli sforzi di alcune città ribelli, questa dominazione dura trecento cinquant'anni. Il 17 ottobre 1797, nel trattato memorabile di Campoformio, Buonaparte, in nome della Repubblica francese, decide dei destini della terra dalmata in questi termini:

"La Repubblica acconsente che S.M. l'imperatore e re possieda in piena sovranità e proprietà i paesi qui sotto designati, cioè: l'Istria, la Dalmazia, le isole già veneziane dell'Adriatico, le bocche di Cattaro, la città di Venezia, le lagune e i paesi inchiusi tra gli Stati ereditari di S.M. l'imperatore e re, e una linea che partendo dal Tirolo, attraverserà il lago di Garda, poi l'Adige, seguirà la riva sinistra di questo fiume fino a Porto Legnano, e ritornerà a raggiungere la riva sinistra del Pò, seguendola sino al mare".

Gli Austriaci posseggono quindi la Dalmazia dal 17 ottobre 1797 al 19 febbraio 1806, giorno in cui il trattato di Presburgo la cede ai Francesi. L'imperatore Napoleone la unisce al regno d'Italia, e il maresciallo Soult riceve il titolo di duca di Dalmazia. Nel luglio 1809, l'Austria la riconquista, ma la pace di Vienna la restituisce alla Francia; questa volta, un nuovo ordinamento amministrativo la toglie alla corona d'Italia data a Eugenio Beauharnais, e Marmont, il *duca di Ragusa*, e i suoi successori risiedono a Lubiana dal 1809 al 1814, come governatori generali delle *province illiriche*. In fine, quando l'imperatore naufraga e i destini della Francia si offuscano, i trattati del 1815 riproducono a un dipresso l'articolo del trattato di Campoformio, e l'Austria ritorna padrona del territorio ch'essa occupa tutt'ora.

Capitolo II

Il regno di Dalmazia è diviso in quattro circoli, ciascuno dei quali abbraccia un certo numero di distretti; ha per capitale la città di Zara, residenza d'un governatore generale, ufficio ora esercitato dal general Rodich, il quale riunisce i due poteri civile e militare.

I circoli sono Zara, Spalato, Ragusa e Cattaro; Zara comprende Pago e Arbe (le due isole del Quarnero), Zara, Obbrovazt, Knin, Scardona, Dernis e Sebenico. Spalato comprende Traù, Spalato, Sign ossia Segna, Almissa, Imoschi, Brazza, Lissa, Macarsca e Fort'Opus.

Ragusa comprende Curzola, Sabioncello, Slano, Ragusa, Ragusa Vecchia.

Cattaro comprende Castelnuovo, Cattaro e Budua.

Zara conta duecento novantaquattro Comuni; Spalato, duecento cinquantuno; Ragusa, cento quaranta; Cattaro, centoquattro.

Sotto i Veneziani e alla fine della loro dominazione, la Dalmazia contava duecento cinquantasettemila abitanti; quando il maresciallo Marmont fece il censimento, valutava la popolazione a duecentocinquantamila anime, quasi tutti cattolici, e la proporzione di coloro che professavano la religione greca era un decimo del totale. Nel 1833, il numero complessivo saliva a più di trecento cinquantamila, e la proporzione tra gli Slavi e gl'Italiani era di trecento quarantamila a sedicimila, quasi tutti abitanti delle città della costa. Nel 1844, la cifra totale ascende a quattrocentotremila. Pei censimenti degli ultimi anni ho avuto delle cifre contraddittorie, ma la progressione è patente, e, qualunque sia, è evidente quanto la proporzione sia ristretta, relativamente allo spazio occupato.

I Veneziani governavano col mezzo di ufficiali inviati a amministrare in nome della Repubblica e del Senato. Questi ufficiali assumevano il titolo di provveditori, riunivano i due poteri civile e militare, e, secondo l'importanza della città, si chiamavano conti, governatori, capitani, o castellani, sempre per altro sottoposti al provveditor generale, che corrispondeva direttamente col Senato e col doge. A Zara e a Spalato, questi provveditori erano assistiti da un consiglio, composto di tre patrizi inviati da Venezia. Ma siccome la Repubblica non rinunziava mai allo spirito di sindacato, e intendeva a proteggere le colonie contro i possibili abusi dei provveditori, così ogni tre anni inviava una commissione straordinaria, composta di tre senatori, che avevano l'incarico di fare un'ispezione generale, e si costituivano in permanenza, affine di raccogliere dalla bocca stessa di quanti avessero a lagnarsi, il motivo dei reclami, accompagnato dalla giustificazione. Questi commissarii giravano con un apparato straordinario, e il boia in persona, vestito di rosso e colla mano sulla mannaia, faceva parte del corteggio. A un certo tempo, i provveditori si adombrarono di questa istituzione; regnava il terrore, e numerose lagnanze pervenute al Senato, lo indussero a modificare lo spirito della commissione. Oggi, ciascuna città possiede un podestà e un Consiglio, potere civile e tutto locale, che vigila sugli interessi materiali e morali degli abitanti. Le aspirazioni politiche e le grandi decisioni, che interessano il paese tutt'intero, trovano una soddisfazione nella *Dieta di Dalmazia*, che siede a Zara, ed è un corpo elettivo. La Dieta delega alcuni de' suoi membri alla Camera alta di Vienna; così gli interessi speciali della Dalmazia si trovano rappresentati nel Consiglio dell'impero.

Abbiamo assistito a Zara a una seduta della Dieta alla vigilia degli avvenimenti che vennero poi svolgendosi nell'Erzegovina; le passioni sollevate, davano in quel giorno all'assemblea il carattere d'una seduta tumultuosa della Convenzione.

Alla Dieta di Zara, come alla Dieta di Parenzo d'Istria, si trovano di fronte tre elementi: l'italiano, lo slavo, e il tedesco. Ciascuno di questi elementi vuol predominare. Il gran movimento intellettuale e politico, che ha il suo centro a Zagabria, e la fondazione d'un'università, hanno dato un punto d'appoggio all'*idea slava*. Quest'idea la sentite fermentare in fondo al sollevamento delle province vicine: viva e forte, essa piglia corpo, si formula.

E sarebbe cecità il non veder la necessità di dare ormai un'equa soddisfazione a queste aspirazioni. Non è forse lontano il tempo, in cui gli Slavi sparsi sulle rive dell'Una, su quelle della Sava e del Danubio, in Boemia, in Moravia, in Croazia, in Serbia, in Bosnia, nell'Erzegovina, in Bulgaria, nel Montenegro, trionfando delle divisioni che li separano, si vedranno fissare la loro scelta sopra un capo, e tendere con passo precipitato verso uno scopo ideale, che ancora non ardiscono dichiarare, ma che appare manifestamente formulato a chiunque abbia visitate le province.

In quanto tempo si compirà questo movimento inevitabile? Lasciamo a intelletti più perspicaci la cura d'agitare queste alte questioni. Noi abbiamo or ora percorsi i paesi sollevati, passando dai campi de' Turchi a quelli degli insorti. Ricevemmo pure dai principi di Serbia e del Montenegro una benevola ospitalità, raccogliendo sui luoghi informazioni circostanziate, e dalla bocca stessa dei diplomatici, degli uomini di Stato e de' capi del movimento. Non potremmo rimaner indifferenti a queste aspirazioni di razza, sebbene il nostro assunto sia più modesto, restringendoci a cercare il colore, studiare la vita, tentar d'esprimere il rilievo delle cose, per dare al lettore un'idea dei paesi che percorriamo.

Capitolo III

Auguro al viaggiatore di sbarcare a Zara al principio dell'autunno, con un tempo mite e fresco, all'ora in cui i vapori del mattino si dissipano sotto i raggi del sole nascente. Le leggiere nebbie svaniscono; montano in aria come i veli d'una decorazione scenica, che si ripiega fino all'architrave. Vedete apparire a una a una le isole che formano il canale di Zara, e ben presto la capitale stessa, la bianca Zara, chiusa nelle sue mura, e coi campanili che spingono le loro punte verso il cielo.

La città dorme ancora, e le rive sono deserte: alcuni *Panduri*, tutti coperti d'argento e di monete brillanti, con berrette rosse a pagliette d'oro, fumano in una pipa di ciliegio seduti sulla spiaggia, e guardano guizzare la nostra nave. Dietro di noi, un gran chiacchierìo turba il

ZARA: LA PORTA DI CRISOGONO

silenzio: sono due polacche dalle grandi linee semplici, colla prora rossa e nera orlata d'una greca e ornata di due occhioni fantastici, le quali mollemente sospinte dalla brezza del mattino, conducono alla città un centinaio di ragazze e di donne delle isole vicine, i Castelli: è un mondo nuovo, e l'Oriente fa la sua comparsa.

Entriamo dalla porta San Crisogono, porta romana, incastrata nelle mura veneziane, sulla quale la Repubblica ha innestato il fiero suo stemma col leone di San Marco. Le strade sono diritte, e si tagliano ad angoli regolari. Si sente d'essere in una città militare, baluardo della resistenza contro i Turchi e gli Ungheresi, e scopo agli attacchi de' vicini.

Smontiamo al *Cappello Nero*, alberghetto che, col suo cortile piantato a viti, ricorda la *Calcina* delle Zattere, cara ai pittori di Venezia. Secondo il nostro costume, moviamo alla scoperta della città, addentrandoci nelle vie senza disegno, senza idee preconcette.

Innanzi tutto, al mercato. D'ogni lato vi arrivano i contadini slavi dell'interno della Dalmazia e le donne delle isole: il loro vestiario è mirabile per originalità, e svariatissimo; ogni distretto ha il suo, ogni villaggio una moda particolare. Quasi tutti portano camicie di tela bianca, ricamate di bei disegni vivi alle maniche e sul petto. Su questa camicia, un saione senza maniche, turchino scuro, aperto davanti, fregiato di disegni gialli, rossi, verde carico; alle tasche, ornamento bizzarro, spiccano dei ricami, formati da conchigliette bianche e da pagliuzze. La cintura è un rilievo di cinque strisce di rame con chiodi d'argento senza numero; il grembiale è un tappeto a mille colori, come quelli del Khorassan, tappeto che scende fino a mezza gamba, e termina con una lunga frangia, costituita dalla trama del tessuto; delle gambiere di ugual stoffa, intrecciate a mano, ricadono sull'*opanke*, la calzatura degli Slavi, formata di una pelle di pecora, fissata sul piede da funicelle di paglia. Il collo è carico di monili, che scendono giù basso: conterie, ambra, filze serrate di monete coll'effigie di Maria Teresa, amuleti, pezzi logori di turchesi, di laminette metalliche e di pietre preziose informi, d'ogni colore. Le fanciulle hanno

AL MERCATO: CONTADINI MORLACCHI DEL DISTRETTO DI ZARA

una berrettina rossa con grosso galone d'oro e col fondo sparso di pagliette pur d'oro; altre s'avvolgono la testa in un gran panno bianco, che ricade a metà delle spalle, come un fisciù orlato d'un largo nastro color ciliegia.

Tale è l'insieme del vestiario, ma tutto ciò è così variato ne' particolari e nel colore, da parer un mosaico. Le signore della città, seguite dalle serve, girano a far le provviste e, colle loro mode moderne, forman contrasto. La piazza per sé non ha un carattere molto distinto: è una costruzione recente, falso gotico mescolato col bizantino, come praticavano a Venezia. Come nella maggior parte delle *piazze delle erbe* delle città italiane, in un angolo sorge un'enorme colonna antica, proveniente, a quanto dicono, da un tempio di Diana, del quale si trovano ancora gli avanzi nel giardino della caserma d'artiglieria: la colonna sostiene un leone di San Marco, colle ali spezzate; posa sopra alcuni gradini, come quella della Piazzetta; e ad altezza d'uomo, come a Verona, a Vicenza e a Venezia, pende la catena di ferro del marchio per i falliti.

Un passeggiero benevolo mi fa da cicerone, e visito successivamente cinque o sei chiese, San Crisogono, il Duomo, Santa Anastasia, Santa Maria, San Simeone, San Francesco, e parecchi conventi.

Il Duomo è di altissimo interesse: mirabilmente conservato, data dal secolo decimoterzo; costruito nello stile lombardo, ricorda molto San Zenone di Verona. Ha la forma delle vecchie basiliche lombarde, con tre navi e un'entrata corrispondente a ciascuna di esse, ed è certo una delle più notevoli costruzioni dei tempi cristiani in Dalmazia. La facciata principale è ben sviluppata, e ne presenta un'altra bellissima verso una via laterale. La cripta è logora, ma la pietra dell'altare mostra una scoltura singolarissima, che mi parve del tempo de' primi cristiani. La costruzione di questo Duomo è dovuta ad Enrico Dandolo, che lo elevò dopo la presa della città per opera de' Veneziani e de' Francesi, alleati per l'impresa della quarta crociata.

La chiesa di Santa Maria è un graziosissimo monumento, a cui si accede da un cortile; fa parte d'un convento di Benedettini, fondato nell'undicesimo secolo dalla sorella di Cresimo, re di Croazia. Una vecchia torre, innestata nel tempio, molto più moderna e di stile lombardo, fu costruita da Colomano, re d'Ungheria, nel tempo che fece la conquista della Dalmazia.

Il governo militare volle molti anni fa trasformare in magazzino un'altra vecchia chiesa vicina, di interesse più notevole del Duomo. Ha la pianta interamente circolare, con scale per accedere alle tribune che girano tutt'intorno; l'edifizio è coronato da una cupola. Tutto l'interno fu imbiancato a calce, e non resta più traccia della decorazione primitiva. Dalle mani del poter militare quest'edifizio è passato in quelle del poter civile, che non l'ha trattato meglio, poiché ne ha fatto un deposito della Società enologica; e ora, su questa preziosa reliquia de' primi tempi del cristianesimo, della quale una Società de' monumenti storici dovrebbe rivendicare la pietosa conservazione, si leggono le parole: *Vino nuovo*.

Vagando così per queste lunghe vie tracciate dagli ingegneri del secolo decimosesto, arriviamo alla *piazza dei Signori*, che, bene conservata, ricorda quelle delle città del nord dell'Italia. È quadrata, piuttosto ristretta, e la sua decorazione consiste in due monumenti, uno de' quali oggi trasformato in biblioteca, serviva evidentemente da sala di consiglio per il provveditor generale e i delegati: ivi promulgavano le leggi e davano lettura delle decisioni criminali. È una gran loggia a tre archi chiusi, di stile severo, che ricorda il Palladio. L'interno è freddo e nudo; l'unica decorazione rimasta è un immenso camino e una tavola di pietra, sostenuta da griffoni araldici, sulla quale si legge questa iscrizione: *Hic regimen purum magnaque facta manent*. Le sagome sono magistrali; grandi iscrizioni incise nelle pareti consacrano il nome de' provveditori. Alcuni ritratti del Bassano e varie copie del Tintoretto, inviati senza dubbio da senatori in missione, decorano l'alto delle pareti, al disopra degli scaffali de' libri, e mi parvero relegati un po' fuori di vista. Un professore dell'università di Torino, nativo di Zara, il dottor Paravia, che aveva acquistato fama nell'insegnamento, ha fatto dono della sua libreria alla città natale; essa è collocata nella gran sala ora descritta, e il biblio-

LA PIAZZA DEI SIGNORI A ZARA

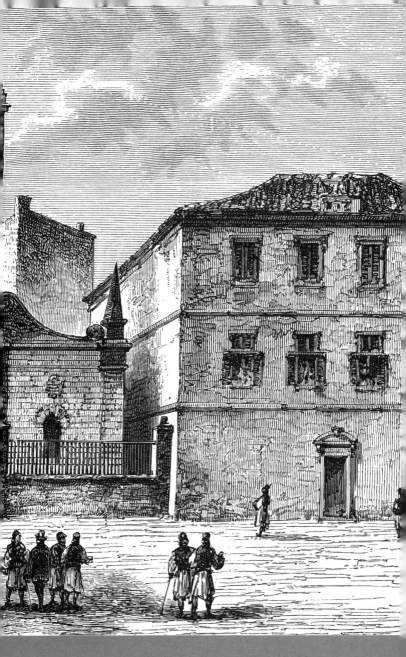

XXVII

tecario attuale, il signore Simeone Ferrari Cupich, ce ne ha fatto gli onori con cortesia.

Proprio dirimpetto alla Loggia si trova il corpo di guardia, costruzione del Sammicheli, deformata da un'appendice del secolo decimottavo. È il lato della piazza che abbiamo disegnato, poiché presenta un aspetto pittoresco. Sul davanti, a destra del disegno, vedete l'ampio tendone del caffè principale di Zara, dove si riuniscono gli ufficiali austriaci; è il cuore della città; vi sbocca il Corso, e all'ora del passeggio la piazza è animatissima, e vi si concentra tutto il movimento.

La natura aveva fatto di Zara una penisola; i Veneziani, nell'interesse della propria sicurezza, ne fecero un'isola, e la cinsero interamente di mura, con bei bastioni, che permettono di girare tutt'intorno alla città. Si entra in Zara da quattro porte; due di esse, la *porta San Crisogono* o *porta di Mare* e la *porta di Terraferma*, meritano una menzione.

La prima è una porta romana a un solo arco, con pilastri corintii che sostengono un cornicione: è una dedica d'una certa Melia Anniana a suo marito Loepicius. L'iscrizione sembra indicare che un tempo esistesse in quel luogo un mercato, e certo questa porta antica era sormontata da statue. Come la bella *Porta Aurea*:

MELIA . ANNIANA . IN . MEMOR .
Q . LOEPICI . Q . F . SERG . BASSI . MARITI . SUI . IMPORIUM .
STERNI . ET . ARCUM . PIERI .
ET . STATUAS . SUPERPONI . TEST . IVSS . EX . IIS . DCDXX:

Vuolsi che questa porta provenga dall'antica città d'Enona, e io inclinerei a credere che i Veneziani, nel momento della costruzione delle mura, l'abbiano qui collocata, facendone un trofeo, come era loro abitudine.

La *porta di Terraferma* è del Sammicheli, ed è una nobile entrata per una città: ricorda la bella porta di Verona, e l'austero suo disegno armonizza colle linee semplici e severe della fortificazione. È gloria del Sammichieli l'aver saputo associare la nobiltà della forma alla sicurezza voluta dalla pianta, l'aver alleata l'arte al genio militare. Un gran leone, di forma ricercatissima e già in moto, decora il timpano principale; i due timpani laterali recano iscrizioni votive in onore di Marc'Antonio Diedo, un provveditore del principio del secolo decimosesto, che lasciò dappertutto in Zara tracce del suo passaggio.

Queste iscrizioni danno notizie precise per la storia della città, e le abbiamo raccolte:

MARCVS . ANTONIVS . DIEDUS . 1543 .

Cum Urbem Dalmatiae Principem olim P. R. Coloniam S. V. munitam ac ab omni hostium impetu tutam reddere vellet Comis Michael Salomon proefectus portam hanc summa cura construi curavere.

Ho letto non so dove, che questa porta non sarebbe stata costruita dal Sammicheli, il quale nel 1543 non era a Zara; ma se pure ciò fosse, è incontestabile che egli ne ha dato il disegno, e suo nipote Gerolamo, che lo aiutava ne' lavori, avrà vigilata la costruzione. Il San Giorgio che decora la chiave di volta, e inforca un cavallino dalmato, copiato evidentemente dal vero, è un capolavoro degno del Donatello.

Chi erri per la città e si fermi in tutti i punti dove una forma d'arte o una disposizione pittoresca gli colpisca l'occhio, riconosce che Zara è rimasta interamente veneziana d'aspetto. La popolazione parla il dialetto medesimo di Venezia, ma l'abitudine delle relazioni colla campagna slava introduce una certa corruzione nel linguaggio, e quasi tutti gli abitanti parlano i due idiomi. Gl'interni delle case hanno il carattere italiano, con cortili e pozzi a sponde scolpite, e spesso ombreggiati da viti. Ci sono anzi alcuni palazzi, in certe vie appartate, che ricordano i bei palazzi di Venezia.

In un quarto d'ora si fa il giro de' bastioni, i quali portano tutti il nome d'un santo o d'un provveditore. È difficile avere una passeggiata più graziosa, giacchè, la città essendo un'isola, si dominano il mare e le isole che formano il canale di Zara. Il feldmaresciallo barone Welden, governatore di Zara e già governatore di Vienna, ha dotata la città d'un giardino ben situato sulla fortificazione (1829). Un tempo le mura chiudevano le case come in un busto; a poco a poco si è dovuto allargarle, e dal lato del mare stanno demolendo il bastione; l'aspetto scapiterà molto; ma dappertutto la vita moderna contende il posto alle memorie del passato, e non c'è rimedio.

La questione dell'acqua potabile ha avuto in ogni tempo a Zara un'importanza considerevole. Avendo la città subito numerosissimi assedii, questa preoccupazione prevaleva a tutto, e se ne trova la traccia in un punto della città chiamato i *Cinque Pozzi*.

Un acquedotto antico, attribuito a Traiano, e del quale potete seguire le tracce per parecchi chilometri fin nella campagna slava, provvedeva ai bisogni della colonia romana; posteriormente, quando il Sammicheli studiò la pianta generale della fortificazione, si servì delle opere degli antecessori, le modificò, scavò nuovi canali, e siccome i Veneziani del Rinascimento volevano sempre congiungere la bellezza della forma all'utilità pubblica, – esempio, le stupende vasche d'Alberghetti al palazzo Ducale! – disegnò una graziosa piazza con cinque pozzi di nobili profili, chiamata ancor oggi i *Cinque Pozzi*, e dove la popolazione viene ad attingere l'acqua necessaria alla vita.

Di questo lavoro di tante generazioni, il passeggiero vede soltanto il punto d'arrivo, sotto la forma di cinque sponde di pozzi, semplicissime, benchè di bello stile; ma le opere sotterranee sono considerevolissime, e d'un vero interesse archeologico. È molto difficile il farsi un'idea della disposizione primitiva de' canali. Può supporsi che servissero a due fini, per la condotta dell'acqua e per le comunicazioni segrete coll'esterno in caso d'assedio. Il Sammicheli ne ha inoltre profondamente alterata la forma, adattando il sistema antico ai bisogni più moderni della fortificazione.

Questa cittaduzza di Zara è davvero seducente. Non vi abbiamo fatto relazioni di società. La via era il nostro campo, e la piazza del Mercato il nostro quartier generale, lì attaccavamo discorso con questo e con quello, e il caso ci fu propizio, giacché tra i passeggeri che si fermavano per guardare con interesse gli schizzi che tracciavamo dal vero, abbiamo avuta la sorte d'incontrare degli alti magistrati, degli uomini politici, e de' cittadini versati nella conoscenza del paese. Grazie al loro intervento, abbiamo potuto ottenere una cosa ben rara per un viaggiatore di passaggio, vale a dire il favore di veder i contadini slavi, i Morlacchi del distretto vicino, *posare* senza ritrosia davanti a noi. D'ordinario si è costretti a coglierli di passata, al volo per così dire, ed è la disperazione degli artisti il non poter ritrarre senza una certa violenza il carattere interessante di questi tipi.

Un mattino, mentre giravamo per la città, coll'album sotto braccio, in cerca di tutto ciò che vive, di tutto ciò che canta e brilla, scorgiamo una casa di bell'aspetto, sulla cui porta alcune guardie del distretto, *panduri* in abito pittoresco, parevano far la sentinella. La folla passava indifferente, gettiamo uno sguardo nel cortile, bel *patio* del secolo decimosesto, veneziano, tutto lastricato, e in un angolo del quale sorge un pozzo del Rinascimento! Come una carovana orientale in riposo, oltre cinquanta contadini slavi de' distretti vicini, nei loro pittoreschi vestiarii, stanno sul lastrico, gli uni sdraiati lunghi e distesi sotto un sole ardente, gli altri intenti a fumare all'ombra dei portici, mentre le donne restano in disparte, immobili e silenziose, ritte contro il muro.

È il cortile del tribunale civile, ed è portata all'udienza una causa d'infanticidio. Il consigliere Piperata, membro della Dieta di Dalmazia, che attraversa il *patio* per recarsi al suo posto, mi spiega che tutta quella folla screziata, davanti a cui mi ero fermato come abbagliato dal carattere spiccato de' vestiarii e dalla sorprendente fisonomia de' tipi, è la serie de' testimoni, venuti da tutte le parti del Distretto. Zara è la capitale della Dalmazia; è il centro superiore della giustizia criminale d'appello. Questo delitto d'infanticidio, assai raro presso gli Slavi, amorevolissimi verso i loro figli, fu commesso a *Kistagne*, e un certo numero di abitanti dei distretti vicini vi si trovano interessati, dimodochè ho sotto gli occhi quasi tutti i tipi del distretto: quelli di d'Obbrovatz, di Knin, di Scardona, di Dernis e anche di Sebenico.

CORTILE DEL TRIBUNALE CIVILE DI ZARA.

XXXIII

Bisogna andar ben lontano nell'estremo Oriente per trovare una riunione di vestiari più curiosi, più attraenti per i pittori, e che presentino un'armonia di colori più seducente. Innanzi tutto, l'occhio si ferma sui panduri, che brillano al sole come specchi, col petto coperto di grandi medaglie, quasi tutte coll'effigie di Maria Teresa, le quali, serrate sul corpo in filze di nove o dieci, occupano il tratto dal collo a mezza gamba. Sono uomini colossali e d'una razza superba; costituiscono una forza territoriale, particolare a certi distretti, considerati i più difficili, e ai quali è necessaria una polizia energica. Non garantisco che nell'organizzazione non sia stata recentemente introdotta una modificazione; ma in massima sono contadini armati, che servono senza paga e montano la guardia per turno, durante un numero determinato di giorni, secondo il loro numero. Il capo superiore è un *sirdar*, posto sotto gli ordini del colonnello della forza territoriale, che comanda in ciascun circolo (tutta la Dalmazia, come già dicemmo, è divisa in quattro circoli). Questo colonnello ha autorità su tutti i *sirdar*. Quello di Zara aveva testè sotto i suoi ordini dieci *sirdar* e quindici *vicesirdar* o *aramassè*.

Mi narrano un particolare curioso: quando i panduri arrestano un malfattore e lo traducono davanti alla giustizia, in luogo di mettergli le manette, siccome gli abitanti de' distretti vicini portano tutti i calzoni larghi alla turca, le guardie si accontentano di tagliargli la fodera del vestimento, il quale, cadendo sui calcagni, impaccia l'andare. I più belli di questi bei panduri dalla statura smisurata, *posano* con orgoglio davanti a me, fermi sotto un sole implacabile, ed ho la soddisfazione di cogliere, tutta palpitante la vita, l'immagine d'un *sirdar* nell'esercizio delle sue funzioni: preziosa nota, presa dal vero.

Un sacrista bizzarro, vestito d'una specie di lenzuolo bianco, ornato d'una gran croce rossa, che va dal collo fino ai piedi, entra nel cortile, presentando un bossolo per l'elemosina a tutti questi contadini miserabili, e nessuno rifiuta un obolo. Quando suona mezzodì all'orologio della chiesa vicina, tutti questi Slavi, che sono cattolici romani, fanno divotamente il segno della croce.

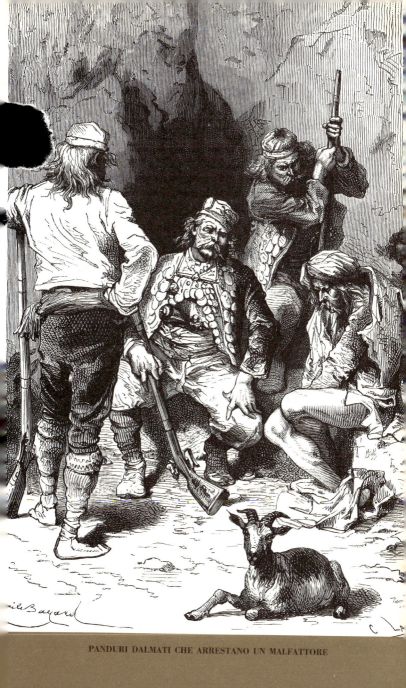

PANDURI DALMATI CHE ARRESTANO UN MALFATTORE

In simili occasioni uno scrittore non abbandona facilmente la preda, e per oltre cinque ore, senza cedere alla fame, schizzo a grandi tratti queste fisonomie, e arricchisco i miei taccuini. Tre contadini di Kristagne, una fanciulla bionda come una Fiamminga, con una berretta rossa a galloni d'oro, e tutta a stelle, una bella camicia bianca cosparsa di delicati ricami di ogni colore, dei graziosi monili brillanti al collo, delle medaglie sul petto, la casacca azzurra ricamata e il tappeto screziato per grembiale, *posa* davanti a me come senza saperlo, e rimane immobile come una statua. Dietro di lei, due vecchie, colla testa avvolta in bei cenci d'un bianco di latte, orlati di larghi nastri rossi, acconciate con trecce finte, intessute di nastri verdi, colla larga cintura d'argento a rilievo, ornata di pietre preziose informi, e colle grandi mani, lunghe e magre, appoggiate sul ventre con gesti angolosi, restano impassibili davanti a me, pur mostrando d'essere dominate da un terrore continuo. Quand'ho finito di schizzare, esse scompaiono, e il presidente del tribunale, che ha sospeso un momento la seduta, viene a raccontarmi un episodio singolare. Le due vecchie, che, senza protestare, mi hanno fatto da modelle per una lunga ora, sono andate a dirgli con gran serietà, "che un uomo le ha fatte star ritte davanti a lui per un'ora, guardandole fisso fisso negli occhi, e continuando a scrivere; poi, finito il lavoro, ha loro messo in mano un fiorino, *senza per altro pronunziar la sentenza né giudicarle*".

È interessante il farsi un'idea di ciò che avviene nel cervello di questi poveri contadini e contadine slave della campagna dalmata; ma, di tutte le impressioni che sono capaci di provare al cospetto di coloro che cercano di riprodurre i loro lineamenti, questa è senza dubbio una delle più curiose che si possano accertare. Le due vecchie hanno creduto ch'io fossi il giudice, e che, colla forza e la persistenza dello sguardo (che va fino all'ipnotismo quando lottate colla natura per riprodurre le forme delicate d'una testa, l'effetto di luce, la giustezza dell'espressione), mi sforzassi a penetrare nel fondo della loro coscienza.

Ogni viaggiatore che abbia tentato di far posare de' modelli ignoranti, semplici o selvaggi, potrebbe raccontare aneddoti bizzarri. Soltanto un mese fa, mentre ci trovavamo tra le popolazioni della Bosnia, rifugiate sulle rive dell'Una e fuggenti davanti ai Turchi, le povere donne rajah scappavano spaventate appena ci vedessero intenti a ritrarre i loro tipi e le loro mode di vestire: gridavano che volevamo consegnarle ai Turchi.

Nei Confini Militari e verso la Croazia, non abbiamo mai potuto indurre una contadina a *posare* davanti a noi per nessun prezzo. A Zagabria, città civilissima e alla testa del movimento slavo, i contadini de' dintorni che venivano al mercato furono sul punto di farci un mal tiro, perché prendevamo di nascosto dei rapidi schizzi d'attitudini e di particolari de' bei vestiari croati. In certi punti per altro gli uomini *posano* con compiacenza, e pigliano atteggiamenti fieri; né si mostrano insensibili all'ammirazione manifestata da un artista per la bellezza del tipo e per il pittoresco del vestiario.

La magistratura m'inizia ai costumi della città, e in poche ore raccolgo molti dati. Zara, capitale, è una città d'impiegati. Vi risiedono il governator generale, il presidente del tribunale d'appello, il direttor generale di polizia, l'intendente delle finanze, il direttor generale delle costruzioni pubbliche, quello delle fortificazioni militari, il direttor generale delle poste, e, insieme con loro, tutto l'alto personale completo dell'amministrazione d'una provincia considerevole, la quale prende il titolo di Regno ne' protocolli. Secondo il suo sistema abituale, il governo austriaco moltiplica i congegni, e la maggior parte sono da lui dipendenti.

Zara non ha vita propria, e l'industria è quasi nulla. Il circolo produce vino, olio; avvi una Società enologica per studiare il miglioramento de' prodotti vinicoli, e il maraschino e il rosolio di Zara sono celebri. Li fabbricano con una specie di piccole ciliege, che abbonda nel territorio.

Il museo ha discreta importanza, giacchè contiene parecchie vestigia degli antichi monumenti del distretto: statue antiche, avanzi d'architettura, monete vetuste numerosissime e piene d'interesse, vetri antichi, pi[?] incise; vi sono inoltre delle collezioni di storia natura. L'ordinamento del museo è dovuto a un conte di Lilienberg, che si dedicò a quest'opera mentr'era governatore.

Zara ha un teatro nuovo di pianta, sala abbastanza graziosa, in cui si vedono distintissimamente i diversi elementi della popolazione che compongono la città. Quanto il carattere è spiccato nel popolo, altrettanto è sbiadito nelle classi civili. In quel ritrovo l'osservatore discerne le *Zaratine* propriamente dette, italiane d'aspetto di vestito, e le cui acconciature del capo, di smisura altezza, esagerano, coll'intemperanza solita nei piccoi centri, le proporzioni usate nelle città del nord dell'Italia; le Tedesche, più discrete, riconoscibili alla semplicità dell'abbigliamento, alla modestia delle mode, e al tipo poco rilevato; gli ufficiali austriaci e gl'impiegati che rappresentano l'amministrazione centrale; in fine il commerciante di Zara, bottegaio o piccolo negoziante.

L'amministrazione, a Zara, come in tutte le città dell'Istria e della Dalmazia, è in complesso abbastanza paterna. I contatti sono scarsi, e gli elementi diversi non si fondono; i partiti si tengono sempre sulla difensiva.

Tutto viene dal difuori, e non c'è industria locale. Le provviste si fanno alla costa, e tutto è importato o da Trieste o dalla Puglia. È la piaga di queste provincie slave del litorale, come di quelle della Bosnia, della Serbia, dell'Erzegovina, di dover tutto al commercio e all'industria de' Tedeschi. La campagna reca alla città i prodotti della terra, e ne riporta le cose di cui ha bisogno. La provincia affluisce a questo centro, perché, essendo Zara la capitale, ogni affare un po' importante richiede la presenza degli interessati, e non c'è atto o stipulazione rilevante, che non richieda l'intervento amministrativo, e non debba essere ratificato in questa città. Non si può dire che ci sia a Zara un movimento intellettuale: ci sono sei o sette giornali e tre stamperie; un giornale ufficiale, uno clericale, uno in lingua slava, uno che è l'organo politico del partito italiano; gli altri sono speciali all'agricoltura. La biblioteca Paravia, che contiene trentamila volumi, è sempre vuota; e se avvi in Dalmazia un movimento nell'ordine d'idee scientifico o letterario, convien cercarlo a Spalato e a Ragusa. Zara ha tuttavia avuto un momento di attività intellettuale, e il numero de' volumi pubblicati dalle sue stamperie è considerevole. Ora è sopratutto una città amministrativa; anche i militari vi sono piuttosto numerosi. Da due anni per altro la città non è più considerata come fortezza, ed è un gran trionfo per il partito civile. Benché la maggior parte di queste fortificazioni della città della costa siano divenute assolutamente inutili colle nuove scoperte e i progressi dell'artiglieria, il Genio militare in Austria non lascia facilmente la sua preda. La fortezza fu restituita al Comune; ora demoliscono le mura dal lato del mare, e nel momento in cui visitavo Zara per la prima volta, più di cento donne dell'isola, di forme attraenti, semplici nel contegno, con gesti da statue antiche, portavano in capo delle ceste piene di terra per questi lavori di sterro e rinterro, che permetteranno di prolungare le rive, e di dar un po' d'aria alla città, fin qui stretta nella cinta delle mura.

Zara è la metropoli di tutta la Dalmazia e la residenza d'un arcivescovo, il solo della provincia. Il complesso della popolazione è cattolico, e ascende a una decina di mila abitanti. Nella città vi sono alcuni Greci, e fu concessa al culto ortodosso la chiesa di Sant'Elia. Questa concessione risale al tempo dell'occupazione francese. Quando il maresciallo Marmont venne a Ragusa, i Greci che facevano parte della popolazione, gli osservarono come, per celebrare il loro culto, avessero soltanto una cappelletta insufficiente a contenere tutti i correligionarii: il maresciallo diede l'ordine di ceder loro una chiesa tutta intera.

Innanzi che quattrocent'anni di possesso quasi incontestato avessero fatto di Zara una città veneziana, quante lotte, quante peripezie, e qual storia commovente ha avuta questa graziosa cittaduzza, riparata nel suo canale, e dalle *isole Longhe* nascosta agli sguardi del viaggiatore che solca l'Adriatico per scendere verso l'Oriente!

Capitolo IV

Dapprima, è la *Jadera* antica, e la *Diodora* nel periodo del Basso Impero; metropoli in ogni tempo, Zara fu capitale della Liburnia, e colonia romana, seguì la parte di Cesare. L'acquedotto che deriva le acque dalla Kerka, a trenta miglia nella campagna dalmata, per condurle a Zara, data da Trajano, ed è uno de' benefizi di questo imperatore. Quando l'Impero romano crolla, Zara cade in potere degli imperatori greci, ma reclama l'indipendenza, e non accorda loro che una supremazia nominale. Al momento in cui tutte le rive dell'Adriatico sono devastate dai Barbari, essa è distrutta, e ormai senza difesa, si vede successivamente in balia de' Croati e degli Ungheresi.

Nella primavera del 997, decise di assicurarsi il possesso della costa adriatica e il dominio del golfo, di continuo minacciato dai pirati narentini, che vi intercettavano il commercio, i Veneziani organizzarono una vasta spedizione, destinata a dare un gran colpo, e il cui scopo era senza dubbio non solo di sottomettere i pirati, ma di annettersi nel tempo stesso i popoli dimoranti sulla costa. Il doge Orseolo aveva assunto il comando della flotta; e ricevette successivamente l'omaggio di Pola, Capo d'Istria, Pirano, Rovigno, Umago. Anche Zara, continuamente sbattuta tra i barbari, i pirati, gli Ungheresi e i Croati, accolse Orseolo con entusiasmo, e si diede alla Repubblica.

Ma a cominciare dal decimo secolo, primo periodo della dominazione di San Marco, Zara si ribella otto volte contro i Veneziani. Le date di queste rivolte non concordano tutte con quelle indicate dalle cronache manoscritte o dalle storie ufficiali degli scrittori della Repubblica, ma la durata piuttosto lunga di queste ribellioni può spiegare i divarii di data che s'incontrano anche nelle relazioni più autorevoli. Negli anni 1050, 1114, 1124, 1185, 1245, 1312, 1346, 1409, Zara si solleva, e Venezia pone l'assedio alla città.

La prima volta, il re di Croazia, che ha perduto il potere, fomenta la rivolta a forza d'intrighi nel cuore stesso della città. Domenico Contarini riceve l'ordine dal Senato d'equipaggiare una flotta imponente, e di non ritornare a Venezia se non dopo aver sottomessa la città ribelle. Egli entra a Zara, pacifica la città, usa moderazione, riceve l'omaggio de' cittadini, e ne esige il giuramento.

Nel 1115, Zara tenta ancora di sottrarsi al dominio di Venezia, e si mette sotto la protezione del re d'Ungheria: ma è vinta. Nel 1170 vuol sfuggire a Venezia, ai Croati, e agli Ungheresi; e avendovi il doge Domenico Morosini istituito un arcivescovo metropolita, essa concentra nelle mani di questo il potere militare, religioso e civile. La Repubblica arma ancora una flotta, e la forza all'obbedienza. Ma nel 1185 e nel 1245, forte dell'aiuto del re d'Ungheria, Zara si rivolta di nuovo, e, sempre sottomessa e sempre ribelle, lotta così tre volte, fino all'anno 1346, in cui sostiene un assedio, non meno memorabile nella sua storia, che in quella della Repubblica di Venezia.

Il re d'Ungheria vedeva con dispetto i porti della Dalmazia nelle mani de' Veneziani; sempre pronto a favoreggiar la rivolta de' Zaratini, ma fin allora sempre vinto da Venezia, propose una transazione: chiese che Zara, pur rimanendo veneziana, fosse sua vassalla, e che tale dipendenza venisse riconosciuta con un tributo e un omaggio annuale. Dietro il rifiuto formale del Senato, egli investì Traù, Spalato e Zara. Marco Giustiniani ricevette il comando della flotta veneziana incaricata di attaccare la città, la quale, coerente colle ribellioni anteriori, parteggiava per il re d'Ungheria. Giustiniani aveva ventisette mila uomini, tra cui quattromila balestrieri; egli divisava innanzi tutto di porre l'assedio, poi di assalire per mare, e di operare uno sbarco. I Zaratini, saputo che le galee di San Marco si avanzavano nel golfo, colarono a fondo nel canale le proprie navi. C'era tra loro un macchinista abile, chiamato Francesco delle Barche, il quale lanciava dei massi del peso di tremila libbre sulle galee nemiche. Le truppe non dimeno entrarono in Zara, e Faliero, nominato governatore, ebbe per missione di difendere la città, minacciata dal lato di terra dagli Ungheresi; fece erigere de' trinceramenti di legno davanti al campo, e per sei mesi interi tenne saldo contro il nemico esterno. Fu un assedio onerosissimo, e per le perdite che ne furono conseguenza, e per le somme enormi che costò alla Repubblica, La città soccombette per sorpresa; un priore tedesco, di origine italiana, di nome Santa Croce, al servizio de' Veneziani, introdusse gli Ungheresi nella fortezza col favor della notte.

Essendo allora impegnata, nelle sue province di terraferma, in una guerra aspra, detta del Trevisano, condotta da questo stesso re d'Ungheria, che aveva trovato alleati in Aquileja e nel Friuli, la Repubblica non poté insistere per ricuperar Zara, giacché aveva bisogno delle truppe. Il governatore Faliero fu chiamato a Venezia, comparve davanti al Senato, e si sentì condannare a una multa, a un anno di carcere e all'esclusione perpetua dai Consigli della Repubblica. Al contrario, un comandante militare d'Onore, che aveva fatta una resistenza vigorosa e al quale la Repubblica mandò l'ordine di arrendersi, ricevette un omaggio pubblico. La campagna era perduta; il Re d'Ungheria trionfava al nord e al mezzodì, egli richiese che Venezia rinunziasse per sempre alla Dalmazia, restituisse tutte le fortezze da Fiume a Pola fino a Durazzo, vale a dire dal nord al sud del golfo Adriatico: cento leghe di coste, ottanta isole, e più di quaranta porti.

Il trattato fu ratificato dal Senato il 18 febbraio 1358. Erano trecentosessant'anni che la Repubblica si era impadronita di Zara e vi comandava, malgrado le numerose rivolte sopra mentovate. Il doge aggiungeva al suo titolo quello di "duca di Dalmazia" e anche di "duca di Croazia", per la città di Fiume. Questi due titoli passarono al re d'Ungheria; i Veneziani accettarono di rinunziare al diritto di possesso ne' due paesi, anche come privati; non ebbero più la facoltà di farvisi rappresentare da' consoli, e, onta suprema, in caso di guerra dovevano fornire ventiquattro galee al re d'Ungheria.

Un trattato così oneroso, firmato da contraenti quali erano gli alteri Veneziani del secolo decimoquarto, non può spiegarsi se non per la situazione difficile loro creata dalla guerra del Trevisano, in cui il territorio di terraferma e Venezia stessa erano minacciati. Ma questo stato di cose doveva durare soltanto cinquant'anni. Nel 1409,

LA PORTA DI TERRAFERMA, A ZARA

XLV

quando tutto era in pace, e invece il re Ladislao d'Ungheria vedeva i suoi diritti contrastati colle armi alla mano da Sigismondo, straniero le cui pretese al trono erano fondate unicamente sopra un'alleanza con Maria d'Ungheria, il Senato intavolò delle pratiche con Ladislao, e ricuperò Zara, come se non avesse mai fatta in addietro la conquista, e avesse rinunziato ai diritti su di essa.

Trieste fu detta la *città fedele*; Zara potrebbe chiamarsi la *città ribelle*. Per le colonie veneziane dell'Adriatico, il possesso di questa città era una questione di vita o di morte: la Repubblica vi concentrò tutte le sue forze, in vista delle lotte contro i Turchi. Chi voglia farsi un'idea e dell'importanza che il Senato annetteva a siffatta questione, e delle cure poste a fortificare questo punto del suo territorio coloniale, dia un'occhiata all'atlante che il P. Coronelli, geografo della Serenissima Repubblica, ha pubblicato nel secolo decimosettimo sotto il nome di *Isolario dell'Atlante Veneto*. Vi sono rilevate con cura tutte le isole dell'Adriatico e le città della costa dalmata e albanese fino in Grecia, e le fortificazioni e le piante delle città vi appaiono quali erano allora, in grande scala, coi particolari dei fortilizi e dei bastioni, e le elevazioni segnate a fianco. Per chi abbia percorse queste regioni, è come un'evocazione di ciò che esisteva al tempo della potenza veneta.

Dal 1409 fino al trattato di Campoformio (1797), Zara non si ribella più; e quando Morosini il Peloponnesiaco sostiene contro i Turchi la gran guerra della Morea, da cui esce vincitore e della quale il Senato consacra la memoria col bel monumento che tutti i viaggiatori hanno potuto vedere nel muro in fondo alla sala dello scrutinio del palazzo Ducale, il provveditor generale di Zara, raccolti intorno a sé i Dalmati, ormai fedeli, si getta sui Turchi, e ne invia le teste a Venezia, come pegno di fedeltà. Nel secolo decimosesto, il Sammicheli rimaneggiò il sistema di fortificazione, dotò Zara de' *Cinque Pozzi*, de' bastioni, della bella porta di Terraferma, e, isolando definitivamente la città, scavò il piccolo porto de' Pescatori, dove si ricovera tutta la flottiglia de' pescatori zaratini.

Capitolo V

Zara sorge sopra una penisola, in un canale formato dal continente dalmato e da un sistema d'isole ad esso parallele. Queste isole, le quali dalla forma hanno preso il nome di *Isole lunghe*, sono: *Uglian, Eso, Pasman, Longa, Incoronata*. Nel tempo che il continente era di continuo esposto alle irruzioni de' Barbari, gli abitanti della costa passarono nelle isole rocciose, e a poco a poco, a forza di lavoro, ne migliorarono il suolo, vi piantarono la vite, che prosperò e costituì un reddito del paese; ammendarono la terra, e tentarono anche la coltivazione del grano. Non si contano meno di trenta villaggi e ventidue parrocchie in queste isole Longhe, e devono contenere da venti a venticinquemila abitanti. Le coste del canale vengono usufruttate dai pescatori, e sono così fertili e piene di risorse, che i Chiozzotti vi si recano a passarvi sei mesi ogni anno, senza destare la suscettibilità degli *scogliari*. Questo canale di Zara è riguardato dagli abitanti come il *giardino dell'Adriatico*.

Dall'altro lato del golfo si stende la Puglia italiana, che, fertile di prodotti del suolo, di ortaggi e di frutta, nutre l'arida e rocciosa costa dalmata, dove, senza di essa, regnerebbe lo scorbuto.

Davanti alle Isole Longhe, staccate come posti avanzati che difendano l'entrata del canal di Zara, il lettore vedrà, guardando la carta del nostro itinerario, le isolette dipendenti da Zara: *Selve, Ulbo, Premuda, Sabbione, Isto, Melada, Sestrugn*. Tutti gli abitanti vivono del mare. Sono veri nidi d'alcioni, cullati dalla tempesta; ivi trovate il vero *scoglio*, dove la capanna del pescatore è innicchiata nelle fessure della rupe. La terra è rara, ma dovunque ha potuto seminare o piantare l'uomo o piuttosto la donna, – giacché essa coltiva il suolo, mentre il marito attende alla pesca, – ha affidato un germe o una pianta al suolo ingrato.

Nel tempo delle invasioni, e in appresso, quando i corsari nerentini o gli Uscocchi approfittavano della partenza de' pescatori per piombare su queste isole e spogliare gli abitanti degli scarsi averi, si videro spesso le donne ritirarsi nelle torri appositamente costruite, e difendersi valorosamente contro i pirati.

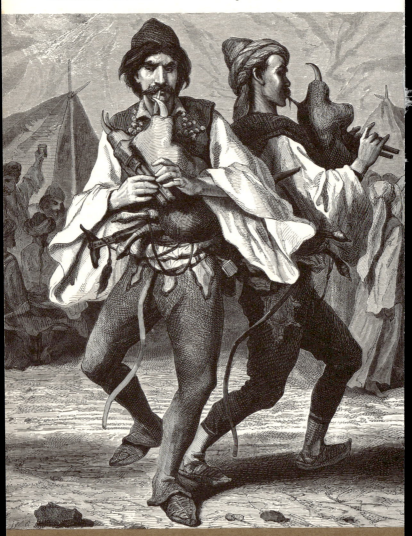

MUSICANTI MORLACCHI DEL DISTRETTO DI ZARA

Capitolo VI

Il momento della partenza è venuto. Qui comincia veramente l'interesse del viaggio in Dalmazia. La costa è dappertutto veneta, da Zara a Cattaro, ma come nell'Istria, e più ancora che nel Margraviato, la campagna è slava, e la civiltà spira alla porta delle città che formano come l'orlatura del mare.

Avvi un servizio postale tra *Zara* e la città di *Knin*, che tocca quasi la frontiera della Turchia. La distanza che le separa è di cinquantun miglio, e in quindici ore potete attraversare la Dalmazia nella sua maggior larghezza, dalla riva dell'Adriatico al monte Dinara. Il servizio è fatto dalla posta austriaca, vale a dire è regolare e affidato ad agenti sicuri. Le partenze hanno luogo soltanto due volte la settimana, e la diligenza contiene appena quattro persone; ma i viaggiatori sono rari, e su questo punto avete almeno il vantaggio d'un veicolo comodo, ufficiale, e di prezzo moderato.

Per altro, lo scopo del mio viaggio essendo di vedere, studiare e apprezzare nel miglior modo, e sorprendere lo Slavo nella sua casa e nella sua vita cotidiana, non ho approfittato della diligenza, la quale mi avrebbe condotto come una balla di merce, senza permettermi di fermarmi. Mi affiatai con alcuni de' testimoni del processo, che avevo incontrati al tribunale, quasi tutti abitanti di Kristagne, ad alcune ore da Knin. Fatta la loro deposizione, avevano licenza di ritornare al paese. Dormirono non so dove, e il sabbato (16 ottobre 1874) ero al luogo di ritrovo, all'uscita della città sulla campagna, alla porta di Terraferma.

La carovana si formava; gli uomini che la componevano, e che io avevo veduti tutti inermi (salvo i panduri che li scortavano), ripigliavano dalle mani d'un vecchio impiegato mezzo austriaco, mezzo slavo, i coltelli, le pistole e i kandgiari che avevano deposto, prima d'entrar in città, in una specie di corpo di guardia nello stile del Palladio, eretto davanti alle porte. È un regolamento di polizia severamente osservato, e che mira a evitare il pericolo delle collisioni nell'interno della città, quando i contadini, guadagnato un po' di danaro al mercato, bevono nelle bettole del luogo, si esaltano, e vengono alle mani. Devo dire per altro, che in due soggiorni di quattro mesi nelle provincie slave, mi è avvenuto ben di rado di assistere a baruffe di questo genere.

Il luogo è molto pittoresco: è alla piattaforma innanzi la porta del Sammicheli e al ponte di legno che congiunge la città alla terraferma, accavalciando il fosso ond'è formato il porto de' Pescatori; alla destra si stende la riva di questo porto, colle caravelle cullate dalle onde; davanti corre la strada, chiusa al principio tra il mare e l'immenso bastione dal profilo obliquo, col fossato davanti, parallelo alla spiaggia. In cima al bastione, spicca sul cielo un bello stemma colle armi d'Austria.

La piccola carovana si compone di tre carri a ruote basse, sul genere di quelli degli Ungheresi e de' Valacchi, e in cui il ferro non entra per nulla. Quasi tutti gli uomini sono sdraiati sul fieno, in carretti trascinati da

CAVALLO BOSNIACO DELLE CAROVANE

bestie magre, di razza piccola, con criniera lunga e muso sottile. Alcune donne vanno a cavallo, inforcando la bestia colle gambe ripiegate e i piedi nelle larghe staffe turche. Tra i contadini di Kistagne trovasi un mulattiere della Bosnia, venuto fin qui con un carico di pelli, che ha barattato con del caffè. Ci vuole un occhio esercitato per riconoscere la differenza tra lo slavo di questi distretti e il musulmano bosniaco. Preferendo l'andatura del cavallo al carretto, salto in sella: una sella turca, in cui vi adagiate come in una poltrona. I panduri ci scortano, e avanziamo all'interno.

Oltrepassata la fortificazione, la strada volta, e non vediamo più il mare; il paesaggio dapprincipio è piuttosto ridente: si vedono dei quadrati a viti sulle colline esposte al sole, delle siepi di viscioli e di amaraschi, i cui frutti servono a fare il maraschino di Zara.

Ad ogni istante, greggie di pecore attraversano la strada. Siccome è sabato, giorno di mercato a Zara, e sono le sette del mattino, tutte le contadine de' dintorni solcano le strade, vestite dei loro graziosi abiti, simili a quelli già veduti nella capitale; queste donne portano alla città ortaggi e frutta. Incontriamo dapprima Ploca e Zemonico, a una lega da Zara, in una pianura immensa, aridissima, dove appena qua e là sorgono alcuni magri boschetti. Se il paesaggio ha un carattere spiccato a motivo appunto di questa aridità, i villaggi non presentano aspetto molto pittoresco. È noto l'orrore dello Slavo per le agglomerazioni: è un proposito deliberato, che salta agli occhi. I villaggi dalmati dell'interno, al pari de' villaggi della Bosnia e dell'Erzegovina, non sono mai riunioni di case o di capanne; il contadino dispone la sua dimora in un luogo solitario, e non vuol vicini; tutt'al più, forma un gruppo di tre o quattro capanne. Si sente che un'influenza straniera ha alterato il carattere particolare e la forma primitiva dell'abitazione, e, per dire tutta la verità, se presentassi al lettore una fotografia esatta d'una casa di contadino dalmata in questa parte del distretto, la confonderebbe facilmente con una cascina di Bretagna o di qualche cantone di Francia. Molto più innanzi, a Knin, a Sign, le montagne, i profili del suolo, tutto ciò ch'è decorazione naturale, darà al paesaggio un'impronta nuova e molto caratteristica, ma le case non avranno tuttavia un color locale più spiccato. Questa mancanza d'originalità parmi dovuta all'occupazione de' Francesi, i quali portarono qui le loro forme, le loro disposizioni, i loro metodi, e tra l'interno e le facciate delle abitazioni avvi un contrasto che colpisce. Sopraggiunsero gli Austriaci, regolari, ordinati, matematici, e colonizzatori pazienti e miti; essi costruirono una chiesa, una scuola e una gendarmeria, secondo un disegno prestabilito, e queste costruzioni hanno dato naturalmente ai villaggi un carattere uniforme.

Al disopra di Zemonico deviamo dalla strada per visitare una piccola mandria di stalloni, mantenuta dal governo, e unicamente destinata a migliorare la razza cavallina ne' villaggi vicini. Tutto il servizio è fatto da un caporale di cavalleria con due soldati; per ogni monta vien riscosso un fiorino. L'istituzione è eccellente, e riesce un beneficio per il paese.

La natura è solitaria; nessun movimento; non una parola da barattare colle persone che ci attorniano; alle domande otteniamo a stento una risposta: questa buona gente non sa farsi capace della curiosità d'un viaggiatore, per il quale tutto è nuovo, tutto ha un'attrattiva, e la manifestazione più semplice diventa uno spettacolo. Quando in questi deserti di pietra, che succedono per leghe intere a pianure poco fertili, vediamo un gruppo che riposa all'ombra d'una rupe, o una pastorella vestita di colori vivaci, che ricama mentre fa pascolare le pecore, lasciamo la carovana per osservare l'uomo nella natura, l'essere che pensa, figura dominante, sulla quale si concentra tutto l'interesse del quadro.

A *Bigliane* ci fermiamo per lasciar fiatare i cavalli, e, mentre la carovana si disperde nel villaggio, io entro nelle capanne, poi monto sulla collina, dove sorge la chiesa sopra un terrazzo guarnito di begli alberi cresciuti come in un'oasi. È l'ora in cui dal villaggio vanno a portar da mangiare a quelli che lavorano fuori. Le vecchie e i fanciulli partono a piè nudi o calzati dell'opanke, vestiti d'una semplice camicia elegantemente ricamata a stelle rosse o verdi sopra la larga manica o intorno al collo. Il grembiale è rialzato per camminare; un'enorme conocchia, il cui manico è passato obliquamente nella triplice cintura a grossi chiodi d'argento, la trae col suo peso al disotto delle anche, presentando davanti il largo pettorale bruno a pagliuzze d'oro; inferiormente, in laccetto bianco intorno alla canna della rocca, la ferma alla vita. Rigide, gravi, portano sulla testa il largo tegame di terra cotta, pieno di polenta, assicurandone la stabilità colla mano sinistra, mentre la destra, staccata dal corpo all'altezza della spalla, fa girare il fuso e il filo di lana. C'è in queste figure un gesto pittorico, una semplicità nobile, e una grandezza epica. Il signor Valerio, ne' lunghi suoi soggiorni nelle provincie slave, è uno de' pochi artisti che abbiano usufruttata questa miniera feconda.

Siamo usciti dal distretto di Zara, e entriamo in quello di *Bencovatz*, il solo distretto, a quanto pare, in cui il carattere degli abitanti ispiri ancora un po' di timore. Durante la dominazione francese dovettero applicarsi provvedimenti rigorosissimi per riuscire a estirpare il furto e le estorsioni d'ogni sorta. Le strade ora sono sicure dappertutto, ma da distretto a distretto persistono ancora odii vivaci; la vendetta si esercita con violenza, e a poche leghe di qui non piantano alberi da frutta nella pianura, perché, di tanto in tanto, come le tribù kabile in guerra, i villaggi piombano gli uni sugli altri per operar delle rappresaglie; tagliano gli alberi, incendiano le case, e imbrattano le sorgenti.

Bencovatz, il capoluogo del distretto, ha una certa importanza; ci fermiamo un istante davanti al *capitanato*, residenza del capo del distretto. A fianco sorge il corpo di guardia dei panduri. Questi *colonisti* di Bencovatz, formanti un piccolo distaccamento di diciassette uomini, sono i più pittoreschi di tutti quelli da noi veduti nelle provincie dalmate: vivono in una specie di *gurbi*, a cui l'amministrazione ha cercato di dare una disposizione regolare e ordinata, a modo d'una caserma: ma ben presto l'uso, le abitudini individuali hanno data a quest'abitazione l'aspetto d'un accampamento d'Arnauti o di Basci-Bozuk. Davanti alla porta pompeggia l'*aramassè*, capo del posto, sfoggiando il petto coperto, dal collo alle ginocchia, di grandi monete, di medaglie, di grossi bottoni di filigrana d'argento. Porta in testa un berretto rosso, orlato con un gallone d'oro, e col fondo sparso di pagliuzze dorate; alla cintura ha un arsenale completo: pistole albanesi col calcio cesellato, kandgiar col fodero di zigrino e l'impugnatura d'argento, guarnita di coralli e di pietre fine. Senza farsi pregare, dietro un semplice segno fattogli, mostrandogli la matita e l'album, egli prende un atteggiamento virile, e si presta compiacentemente a farmi da modello, mentre il villaggio tutt'intero mi attornia per modo da doversi mettere vicino a me un panduro in sentinella. Ad ogni tratto di matita, un ragazzo, arrampicato sulle spalle d'un compagno, e tutt'occhi a seguire il mio lavoro, indica ad alta voce la parte che vien tracciata, e lì risa, grida, esclamazioni di maraviglia senza fine. Allorché, passando dalla semplice indicazione della matita all'espressione più viva del colore, do risalto e vivezza allo schizzo, l'entusiasmo non ha più limiti, e "le autorità" commosse si affacciano al balcone. In tanto le donne, che mi guardavano con una specie di terrore, e temevano qualche malefizio al vedermi trar fuori le matite e aprir la cassetta de' colori, tornano adagio adagio ad avvicinarsi, si famigliarizzano a poco a poco, e, sbandita la paura al veder i mariti rassicurati, finiscono col comporre il viso ad un sorriso ancora pieno d'inquietudine, e su quelle fisonomie serie gradatamente, lentamente, all'espressione del terrore succede l'ilarità.

Ma bisogna rimettersi in cammino, se vogliamo arrivare prima di notte alla tappa. Attraversiamo Perusich, dove, a destra, sull'alto d'una collina che chiude l'orizzonte, sorge un castello, appartenente al conte Regna, deputato al Consiglio dell'Impero. Poi vien Koslowacz, con grandi torri d'osservazione, del tempo della dominazione de' Turchi; la strada è piuttosto buona, ma di tanto in tanto è pericolosamente incassata, e basterebbero due malviventi (come dice la guida) a impedire il passo a qualsiasi carovana. I panduri vigilano questi punti; si nascondono dietro le sporgenze delle rupi, aspettando l'arrivo della posta da Knin, per scortarla sino al prossimo villaggio.

Il paesaggio non muta: sempre pianure di pietra; il suolo n'è per così dire lastricato: è l'Arabia Petrea. Appena di distanza in distanza dà un po' di colore ai terreni una vegetazione bassa e raggrinzita, bigia come la pietra, e aderente al suolo come i muschi e le crittogame. Quando le ineguaglianze del terreno variano il paesaggio, a quest'onda petrificata succedono le linee spezzate delle rocce.

Malgrado questa tristezza e povertà, la natura dalmata non manca di grazia e di poesia. Tutto brilla e tutto fiammeggia; il sole diffuso sulle pianure, scende in fasci d'argento dall'alto d'un cielo azzurro. Siamo in ottobre; godiamo una dolce temperatura, e nell'atmosfera vibra al disopra del suolo una polvere argentina e ravvolge ogni cosa.

A Lissana attira i nostri sguardi un quadro grazioso. Proprio al ciglio della strada sorge una piccola capanna quadra, specie di *khan* o di caravanserai, coperta di stoppia e di frondi, con un tetto sporgente, per difender dai raggi del sole. Vicino alla capanna, a un metro al disopra del suolo, si erge un pozzo, formato da strati di rocce, e scavato nel suolo petroso e lastricato. Alcuni fanciulli con

gran copia di capelli biondi, mezzo nudi, con un berretto rosso, giuocano sulla pietra, mentre la madre lava la lana che ha filato.

È il solo punto animato di questo deserto roccioso. La grazia di questi piccoli esseri, che spalancano i loro occhioni azzurri per guardarci, i gesti eleganti di questa donna vestita di cenci vistosi e pittoreschi, formano un quadro attraente nella sua semplicità.

Alquanto più innanzi, mentre passiamo sopra un ponte a livello colla strada, e destinato ad accavalciare un torrente profondo, il cui letto è ora secco e sparso di pietre d'un grigio rosa, sentiamo sotto i nostri piedi un canto flebile e soave, strano all'orecchio, e il cui carattere bizzarro ricorda le modulazioni de' montanari dell'Andalusia o le melopee malinconiche e monotone de' pastori kabili. Alla testa d'un gregge composto di arieti, di capre, di montoni bigi e di pecore nere, si avanza una pastorella, vestita d'abiti avvistati. Essa ricama camminando, e sembra guidare il gregge col suono della sua bizzarra canzone, tutta a voci di testa. Per la prima volta posso sorprendere, in mezzo alle pianure dalmate, il lavoro di queste ingenue ricamatrici, le quali, dotate di un gusto naturale, che rasenta il genio, arrivano senza studio, e per un istinto particolare agli Orientali, a quelle armonie che destano l'ammirazione degli abitanti delle grandi città. Oggi l'Oriente par che versi la sua industria nell'Occidente, spogliando e la Persia e Kashmir. Nelle povere capanne di stoppia, i contadini che tessono su telai di legno tarlato i tappeti di Khorassan, attraggono gli sguardi delle grandi industrie dell'Europa, e le forzano a imitarne le forme e i vivi colori.

Abbandoniamo la strada, e seguiamo la pastorella, nascosta dalle rive del torrente. Nel centro d'un gran panno bianco, ricamato tutt'intorno d'una larga greca rossa, essa trapunta delle foglie di quercia di carattere spiccato; non segue un disegno già tracciato, ma lo eseguisce coll'ago, a mano alzata, e tutto di sentimento. Non c'è cosa più seducente; è come un'apparizione fantastica. I biondi capelli, folti e corti come quelli d'un adolescente, le escono in ciocche ribelli dalla berretta rossa a pagliuzze d'argento che modella esattamente la forma della testa; dalle orec-

PASTORELLA DEI DINTORNI DI KNIN

chie le pendono fin sulla spalla dei zecchini dorati e delle medaglie; il collo è ornato di vezzi di perle di vetro. La camicia che le copre il petto è ricamata a disegni graziosi e a tinte vive, a somiglianza delle camicie russe, e una larga cintura d'argento a rilievo scende giù basso, al disotto della vita, trattenendo il tappeto dalle mille righe, orlato di lunghe frange, che ricadono fin sulle gambiere, pur di uguale tessuto. La manica, larghissima e sempre guarnita di stelle verso il gomito e contornata d'un fregio, esce dalla casacca di color azzurro oscuro, che scende molto basso. Dietro le spalle le pende un gran sacco trapunto, e la bacchetta passa attraverso alla cintura.

Essa è tutta sola in questa grande solitudine; il viaggiatore si domanda perché quest'oro, queste pagliuzze d'argento, queste monete, queste brillanti minuterie di vetro, e tutti questi vivi colori in mezzo a rupi così aride, e per qual singolare contrasto, mentre la natura è matrigna e il paesaggio così triste e nudo, tutto il luccichio, le tinte vivaci e le splendide armonie si trovino nel vestire d'una povera pastorella.

Allo scalpitar del cavallo, che sdrucciola sulla rupe, la fanciulla alza vivamente la testa, come se volesse fuggire. La rassicuro con un sorriso, spingo il cavallo, e salto nel burrone. Le pecore si addossano le une contro le altre; tutto si agita e si commuove; il cane fedele rizza le orecchie e abbaia al cavallo, che fa penzolar davanti la lunga criniera. Ben presto per altro la pastorella riprende fiducia, e mi permette di esaminare il ricamo, ma senza parer comprendere il genere d'interesse che mi attrae.

Chiamo il Dalmata con cui posso farmi capire in italiano, affine di ottenere per mezzo di lui, come interprete, le spiegazioni di cui mi nacque desiderio sin dal primo giorno in cui ho veduto a Zara i ricami delle donne slave della campagna. È un punto del quale mi sono molto occupato in tutto il viaggio del 1874; e anche nell'ultimo, compito un mese fa, in Bosnia, nell'Erzegovina e in Serbia, ho proseguito le stesse indagini.

Capitolo VII

I lavori di queste donne della campagna slava sono di due sorta: i ricami, consistenti in disegni leggieri su tele più o meno fine, di cui decorano tutto il contorno e il centro; e i trapunti, o tappezzerie, tessuti grossolani e fitti, in cui la stoffa tutt'intera è lavorata, e presenta un campo non interrotto, come ne' tappeti di Caramania e di Smirne.

La biancheria propriamente detta comprende la camicia, che è sempre elegante, anche nelle donne più povere, grazie al lavoro ornamentale; la gonnella, arricchita d'un fregio, e il panno o fisciù che copre la testa, e ricade sulle spalle, ed è ornato al centro o del contorno, secondo la regione.

La contadina slava del sud, dal territorio di Croazia fino alla Bulgaria verso il nord e all'Albania verso il sud (si può dire in tutta la penisola dei Balkani), si fabbrica da sé tutti i vestimenti. Ha la materia prima, e la mette in opera: tinge la lana, la tesse, e l'adorna. Non ho potuto vedere con quali processi si tinga il lino e la lana; ma mi sono accertato che si impiegano vegetali allo stato semplice, non mescolati a tossici o a preparati chimici, i quali, se forniscono de' toni variati, hanno tuttavia il grave inconveniente di alterarsi alla temperatura, e di sbiadire rapidamente sotto l'azione del sole. I toni sono dunque semplici, primitivi, vivacissimi, e di tinta ardente I colori più abitualmente usati sono il rosso ciliegia, il rosso carminio, i gialli d'oro, il verde di Verona, e gli azzurri volgenti al cobalto. Nei tappeti che portano a modo di grembiale, serve di frangia la stessa trama, e, essendo d'una disposizione di colori svariati, ne mostra le combinazioni. La tastiera del disegno, se così posso esprimermi, è della massima semplicità: forme geometriche, quadrati, rombi, piccoli dischi di colori diversi, fiori a forme tendenti al quadrato, per seguire il tessuto.

Ne' ricami, i quali, ripeto, sono sempre leggerissimi, (ma risaltano tanto più sul fondo bianco-latte delle stoffe), le Slave si mostrano più immaginose o più inventive; si ispirano alla natura, disegnano delle stelle, delle foglie, de' fiori, e talvolta, ma molto di rado, degli uccelli di forme semplici. Spesso anche, per una bizzarra fantasia, decorano il davanti della camicia d'un fregio di conchigliette, o le fanno spiccare sul fondo oscuro della casacca in azzurro di Berlino. In Slavonia le donne ricamano il davanti delle sottane, e il campo della stoffa è come screziato; qui l'effetto, più discreto, è più grande; alle Dalmate bastano quattro stelle al centro, o cinque foglie di quercia verde nel mezzo d'un fisciù, con un fregio leggiero all'ingiro. Quando scenderemo verso Ragusa, il contorno delle stoffe si ridurrà a una semplice striscia; ma nell'attraversare le montagne per entrar in Bosnia, vedremo le donne cattoliche e le cattoliche greche trapuntare in rilievo delle sete flosce e delle ciniglie a colori vivi, e farsene sulla bianca camicia un fitto pettorale.

Quanto più avanzate verso i paesi del sole, tanto maggiore è la ricchezza d'ornamenti e più vivi i colori. In Italia, per esempio, i panni sono ricamati a traforo, e la ricchezza della stoffa consiste nel lavoro stesso, e non nel colore; ma in Dalmazia, al lusso del lavoro si aggiunge il lusso de' toni colorati e via via che passate dall'Oriente all'estremo Oriente, vedete l'operaio valersi di tutti gli spedienti di cui l'arte può disporre: sopra fondi abbaglianti, sparge a piene mani, come i Giapponesi e i Cinesi, l'oro, l'argento, e fino le pietre preziose.

Come il vestire delle donne dalmate muta secondo i distretti, così varia pure il carattere de' ricami. A Ervenich, per esempio, nelle collane ci sono meno monete, e tengono il luogo ora le conterie di Venezia appese al collo, ora dei pezzi d'ambra e dei turchesi grossolani.

A primo tratto, par facile il procurarsi dei saggi di questi lavori femminili, ma l'esperienza prova ch'è quasi impossibile riuscirvi. Dal lato d'Essek, verso Brod e Gradisca, sulle rive della Sava, dell'Una e della Kulpa, è più agevole ottenerne, e in questi tempi in cui si pone tanta cura a decorar gl'interni delle case, cercando sopratutto l'effetto, servirebbero a ornare telette femminili e guernimenti da tavola. Nella provincia dalmata si può asserire arditamente che né argento né oro valgono a decidere gli abitanti a vendere queste parti del loro vestiario. Ogni contadina possiede due vestiti, quello de' giorni di lavoro e quello dei giorni di festa. Essa trasmette i suoi ricami come un'eredità, e col tempo, in luogo di perdere il pregio, diventano più armonici.

Nelle lunghe serate d'inverno, nelle ore solitarie in cui fanno pascere i greggi, le donne ricamano, e il tempo non ha valore per loro; dei lunghi mesi, tutte le stagioni d'un anno bastano appena a eseguire un solo capo di roba destinato a adornarle. Non si tratta dunque di oggetti di commercio, cui si possa attribuire un prezzo.

Dobbiamo aggiungere che per la donna slava sarebbe come un disonore il far traffico degli ornamenti di cui si abbellisce. Non dico che nessun straniero sia riuscito a farsi cedere una collana o qualche altra parte di questi bei vestiarii; ma intromissioni altissime non hanno bastato a procacciarmi degli abiti nazionali, presi direttamente dall'abitante, e non nelle botteghe, da cui potete avere soltanto de' saggi di poco interesse, senza né il carattere nazionale, né il valore artistico di quelli fatti in casa del contadino.

Del resto, com'è facile capire, il viaggiatore che passa quasi senza fermarsi, si trova in condizioni sfavorevoli: delle lunghe relazioni nel paese, delle raccomandazioni dei vicini, l'esca d'un guadagno promesso come prezzo d'una commissione da eseguirsi a lunga scadenza, ecco i soli mezzi che possano permettere di formare delle collezioni di vestimenti.

Il signor Lay, d'Essek, città principale della Slavonia, ha pubblicato a Lipsia una raccolta speciale d'illustrazioni su questi ricami. Limitandosi alle contadine slavone o bosniache. Al loro comparire, queste tavole hanno vivamente colpiti gli specialisti, ai quali l'originalità de' disegni, come anche i metodi d'esecuzione, parvero doversi considerare come elementi nuovi per il ramo d'arte a cui si connettono. In seguito a questa pubblicazione si è prodotto un movimento: le signore ricche dei grandi centri slavi hanno ricercato questi lavori, e a Zagabria, per esempio, nella decorazione degli appartamenti cominciano a impiegare i tappeti e i minuti oggetti di fabbricazione locale.

Il signor Lay spedì la collezione considerevole da lui formata all'Esposizione recentemente tenutasi a Mosca; essa vi ottenne un vero successo, e il giurì aggiudicò all'espositore una medaglia d'oro.

Una tal mostra sarebbe apprezzata in tutte le grandi città, ora che è così generale la preoccupazione di arredare e decorare gli appartamenti.

Nel nostro recente soggiorno a Belgrado, dove cercavamo ancora dei saggi di questo genere, abbiamo saputo che il signor Kanitz, l'erudito autore del *Viaggio in Serbia*, ha esposto, tre anni fa, a Vienna, i prodotti dell'industria domestica dei Bulgari. Questa esposizione ha destato un reale interesse; sgraziatamente non possiamo dare col disegno un'idea di questo genere di ricami, giacché la leggiadria del lavoro sta nell'opposizione de' colori, e questo elemento ci manca.

Capitolo VIII

Anche il carattere de' gioielli nazionali de' Dalmati, e, in generale, di tutti gli Slavi del sud, merita l'attenzione del viaggiatore. In quest'ordine di idee, nulla è indifferente, e or ora abbiamo veduto come dal lato di Fiume e nella Croazia gli abitanti conservino la memoria della battaglia di Grobnick, vinta contro i Turchi, fin ne' braccialetti, nelle collane e ne' pendenti.

Il primo e più comune elemento è la moneta combinata in venti maniere diverse, portata ora come medaglione al collo, ora come corona o monile, ora a modo di corazza, o anche di caschetto, disposta in maniera da coprire completamente il cranio. Nelle donne le monete pendono, come un amuleto, all'estremità della treccia; talvolta anzi coprono ogni nodo di questa, sicché i capelli non si vedono più, e la lunga treccia, ondeggiando sulle spalle, pare un rocchio di scudi rovesciati, di un metro di lunghezza. Sono generalmente monete d'argento quasi tutte austriache, e di rado anteriori al secolo decimosettimo; hanno la dimensione di un pezzo da due franchi. Gli uomini si decorano il petto di monete più grandi; moltissime hanno l'effigie di Maria Teresa. A mano a mano che salite verso la Serbia, le monete adoperate sono più piccole, e le dispongono intorno alla fronte come una corona. Nel viaggio pubblicato da Giorgio Perrot, sotto il titolo: *Un soggiorno tra gli Slavi del sud*, il signor Valerio diede un disegno de' caschetti bizzarri che ho veduti sulle rive della Sava, e i quali, formati da monetine d'argento insieme conteste, costituiscono una specie di cotta di maglie che copre la testa.

Nell'Istria, il gioiello più comune è d'oro a rilievo: è il modo di fabbricazione esclusivamente praticato. Le forme sono poco variate, e non differiscono sensibilmente da quelle adottate sulla riva opposta dell'Adriatico: buccole lunghissime, croci da petto d'ogni forma, bottoni traforati, e oggetti minuti di filigrana. A *Fiume*, i gioielli nazionali sono ancora meno variati: rappresentano dei moretti o teste di negro, cogli occhi figurati da incrostazioni di argento o di pietre fine. In Dalmazia vi sono due parti ben distinte: vicino alla frontiera dell'Erzegovina e della Bosnia, tutti si adornano di monete combinate in modo svariatissimo, di conterie, di fiori naturali intrecciati con molta grazia nei gioielli, di piastre d'argento massiccio a rilievo, foggiate a fibbie di cintura o a cinture piene, incrostate talvolta di pietre fini informi: ornamenti che ricordano ad un tempo i gioielli ungheresi e i gioielli turchi.

Più vicino alla costa, si fa sentire, nella foggia de' gioielli, l'influenza dei grandi centri e d'una civiltà che ha conosciuto il Rinascimento. Prendendo per pezzo principale tale o tale medaglia d'oro commemorativa del tempo della repubblica coll'effigie di San Marco, gli artefici l'incorniciano di fini ricami di filigrana, e ne fanno un medaglione da collo. I monili constano di grosse pallottole d'oro o d'argento puro a traforo; le croci, grandissime, come croci episcopali, sono anch'esse pallottole appiattite, traforate o fatte di filigrana; allo stesso modo sono ornati gli spilloni da testa.

Tra tutte le città, Ragusa si distingue per il lusso e lo sviluppo della fabbricazione. Le *Brennesi* (donne di Brenno), le *Canalesi* (quelle dei canali), si adornano con molta ricchezza, e sono raffinatissime nella scelta de' gioielli. A Sebenico, una semplicità graziosa e molto caratteristica nel vestire s'abbellisce di gioielli sobrii, ma di effetto grandissimo, in ragione appunto di questa semplicità. A Zara, soltanto la contadina slava usa adornarsi, e non si trova traccia d'un vestiario speciale alla località. È moda per la contadina di mettersi indosso, ne' giorni di festa, tutto quanto possiede: sfoggia la sua dote, e non l'intacca mai, se non in casi disperatissimi, avendo a cuore di trasmetterla intatta ai figli.

Nel distretto di Bencovatz, in cui ci siamo fermati, le donne portano anelli su tutte le dita, e talvolta due o tre su ciascuno; sono per lo più anelli grossolani, piuttosto larghi, decorati di pietre di colore. Giova notare, così in Istria come in Dalmazia, che le contadine non vogliono saperne di gioielli falsi: è per loro un punto d'onore;

cosicché noi, che ci preoccupavamo unicamente della forma, e volevamo acquistare questi gioielli semplicemente come un'indicazione, e non per ornare cosa o persona, non abbiamo mai potuto trovare le stesse forme riprodotte nel rame, e dovemmo spendere somme abbastanza forti per mettere insieme una piccola collezione come elemento di studi.

Capitolo IX

Arriviamo a Ostrovitza, e ci fermiamo per passar la notte. La pianura davanti al villaggio, circondata da montagne, sembra un vero circolo; qui, a quanto dicesi, i Turchi e i Croati sostennero una lotta formidabile; il campo di battaglia è ormai una immensa palude, dove il sole, scomparendo dietro le colline, getta delle larghe macchie d'argento. Gli abitanti vi pescano delle mignatte, e i nostri cavalli, che bevettero quest'acqua, hanno le narici insanguinate. La notte scende ad un tratto, senza crepuscolo; siamo giunti al piede d'una collina, sulle prime falde della quale sorge la modesta chiesa d'Ostrovitza, dominata da una massa granitica così singolare e con stratificazioni così bizzarre, che fino al mattino abbiamo creduto d'essere al piede d'una cittadella turca e d'una montagna foggiata dalla mano dell'uomo. La carovana si sbanda; chi va da una parte, chi dall'altra per trovar da dormire. Mentre alcuni cercano un alloggio per me, i panduri sciolgono gl'involti, rizzano due cavalletti, e accendono il fuoco entro una gran rovina.

Le volte sono a traforo, e la bicocca serve di caravanserai. Ben presto la fiamma scoppiettante lambe i fianchi d'un montone tutt'intero; una pertica passata attraverso al corpo dell'animale tien luogo di spiedo: è la *diffa* d'Africa, e sono io che pago lo scotto. Un fanciullo sta accanto al focolare e gira la pertica: la carne si raggrinza, spandendo un odore appetitoso; a poco a poco gli uomini si sono sdraiati al chiarore delle fiamme, e quelli rimasti in piedi, illuminati da un vivo bagliore, proiettano grandi ombre fantastiche sui muri della rovina.

Se avessi a prestar fede agli abitanti di Kistagne che viaggiano con noi, e ai villici d'Ostrvitza, venuti a prender parte al banchetto, ci troveremmo ora in un'antica moschea turca, ma non devo appagarmi di simili leggende. Ostrovitza era uno dei quartieri di Marmont, duca di Ragusa, il quale datò appunto da questo villaggio il suo proclama del 23 aprile 1809 ai popoli di Ragusa e di Cattaro: "L'Austria ha voluto la guerra, l'ha dichiarata; gli eserciti dell'Imperatore sono già sulle mosse, e l'Europa ritroverà il riposo...". Per il momento dunque ceniamo in una delle grandi caserme di cavalleria fatte costruire dal maresciallo, per raffrenare le popolazioni, vigilarle, e pacificare la Dalmazia. Il carattere della costruzione è moderno; la forma, la pianta, i materiali, tutto mi dice che non rimonta a un secolo, ed è già una rovina. A mano a mano che avanziamo, troviamo maggiori tracce del passaggio de' Francesi e della loro occupazione. La strada da noi seguita per venir qui, è fatta da loro; in un

ROVINE DELLE CASERME DI MARMONT, A OSTROVITZA

crocicchio, ho veduto inciso nella roccia il nome della brigata che ha compita quest'opera.

Abbiamo passata la notte sopra un saccone di foglie di granoturco, in una stanza imbiancata a calce, e senza mobili; il sole entra nelle fessure delle imposte che chiudono la finestra; è giorno fatto. Andiamo alla caserma, e si sellano i cavalli. I curiosi del villaggio assistono alla partenza.

Attraversiamo successivamente *Otres, Kernievo, Varivode, Zetchevo* e *Kistagne*. Il paesaggio è discretamente variato e di bel carattere, sebbene la regione sia triste,

e lasci un'impressione di malinconia. Ora incontriamo pianure colorate d'un bellissimo tono bigio, con olivi scuri che spiccano sui fondi d'oro pallido dei pampini d'autunno; ora delle colline rocciose dalle quali si accede ad altre pianure, valli grigie, dove pascolano greggi numerosi, che ci appaiono come punti neri e bianchi. La terra manca dappertutto; il suolo è addirittura lastricato per parecchie leghe, e sparso di crepacci, come le antiche vie romane, in cui il tempo ha sconvolto il selciato.

La strada è poco frequentata, tutto indica che la popolazione è scarsa; un pope greco passa colla moglie e la serva, coricate sul fieno, in una carrettella tirata da due cavalli etici. A lunghi intervalli incontriamo qualche povera carovana, in cui tutte le donne sono a cavallo, con un piede di qua e di là, posato entro staffe di corda.

A Kernievo, il granoturco è ancora in campagna; la temperatura è divenuta più fredda; siamo ascesi a poco a poco, senza accorgercene, e ci troviamo a un livello discretamente elevato. A Varivode le strade cominciano a essere ingombre di greggi: sono luoghi di allevamenti; le fisonomie e le attitudini de' pastori assumono un carattere spiccato; incontriamo de' contadini a cavalcioni di somarelli bassi come gli asini delle rive del Nilo; i lunghi capelli, i turbanti, i calzoni larghi alla turca, e le armi che questi contadini portano sul ventre, mi richiamano alla mente i bei tipi disegnati dal Valerio nella sua collezione.

Entriamo in Kristagne per una strada piantata di gelsi; nelle particolarità del vestire si sente la vicinanza della Turchia: le vecchie si nascondono già la parte inferiore del viso, mentre le fanciulle restano colla faccia scoperta; tutti gli uomini portano il turbante, e i più hanno nella cintura, portata bassissima, una lunga pipa di amarasco col fornello di terra cotta. La popolazione è greca, e ne' dieci villaggi dipendenti da Kristagne sono ben poche le famiglie cattoliche. La pianura è estesa, piuttosto fertile, e gli alberi sono meno rari che da Sara sin qui. È la prima volta che incontriamo su questo suolo uno strato di terra vegetale di un certo spessore. Kristagne è un centro di comando; un tempo c'era un *sirdar*, capitano della forza territoriale de' panduri, posta sotto il comando del colonnello, da cui dipendono tutti i sirdar del distretto. Il nome è turco, e, sebbene l'istituzione esista ancora, non è più usato; per altro, l'ufficiale immediatamente sottoposto al sirdar, il suo luogotenente, si chiama ancora *arambasha*, ed era appunto di questo grado l'ufficiale che si prestò a farci da modello a Bencovatz.

A quest'amministrazione militare locale l'Austria ha dappertutto sostituito il sistema civile, ed ora il servizio di polizia nei cantoni dell'interno della Dalmazia è fatto dalla gendarmeria regolare; tuttavia, come abbiamo già detto, il distretto di Bencovarz, e, a quanto credo, anche quello di Knin, hanno conservata la organizzazione primitiva, che risale al dominio de' Veneziani.

A quel tempo c'erano distretti marittimi e distretti territoriali. Zara, Spalato, Traù e Sebenico avevano un colonnello e un capitano, Almissa un colonnello soprintendente, Macarsca un colonnello; a Narenta risiedeva un soprintendente colla prerogativa speciale di amministrare la giustizia così civile come criminale, salvo ne' casi portanti pena di morte, i quali dovevano deferirsi al provveditor generale di Dalmazia.

I sirdar istituiti dai Veneziani erano tutti magistrati nelle cause civili, e potevano dar sentenza nelle liti per una somma non superiore a dieci fiorini. La loro forza si appoggiava su questa milizia territoriale de'*panduri*, costituita, come abbiamo già detto, di contadini armati, i quali per turno montavano la guardia uno o due giorni la settimana, secondo le occorrenze, e in circostanze gravi potevano essere riuniti in gran numero.

L'amministrazione austriaca, nel tempo stesso che ha restituito al potere civile il territorio de' Confini militari, ha sostituito gradatamente ai panduri la fanteria regolare. È tuttavia una delle curiosità della Dalmazia il servizio di questa milizia territoriale nella sola provincia in cui sussista ancora, ed è difficile trovare in altri eserciti, anche in Oriente, un corpo regolare o irregolare che presenti aspetto più bizzarro e pittoresco.

Poco prima d'entrare in Kistagne, proprio nel punto in cui sulla carta generale del nostro viaggio la Kerka attraversa la strada che conduce a questo villaggio, abbandoniamo la via tracciata, per veder nella pianura di pietra l'enorme burrone, nel cui fondo scorre il fiume, e gli avanzi d'archi romani ancora in piedi, alla riva di questo gran precipizio. Il luogo medesimo si chiama *Archi Romani*, o *Supiaia*, corruzione di *Supplia zarkwa* (chiesa traforata). Lì sorgeva l'antica città di *Burnum*. Gli archi romani, che prendereste facilmente per uno di quegli avanzi d'acquedotti così frequenti nella campagna di Roma, erano tuttavia archi isolati, i quali, in numero di cinque, coll'arco di mezzo più largo degli altri due e decorato di pilastri con capitelli corintii, forma-

IL CORSO DELLA KERKA, AL DISOPRA DEL PONTE DI KNIN

vano un ingresso di città di carattere trionfale. Questa *Burnum*, di cui rimangono soltanto alcune pietre, era la *Liburna* di Strabone, e si stendeva indubitatamente tra l'arco e il fiume.

Quando Fortis viaggiava in Dalmazia, verso il 1774, le tracce della città erano ancora visibili; dappoi le iscrizioni atte a sparger lume sulle origini, e a confermare o distruggere le congetture degli archeologi, andarono disperse, o vennero portate nei musei, o piuttosto nei depositi delle località vicine, e appunto a Knin troveremo quelle che interessano la Burnun antica. A pochi passi

di là s'apre un largo precipizio, o meglio una valle abbastanza ridente e di aspetto grandioso, in fondo alla quale scorre la Kerka, dirigendosi verso il mare; in questo luogo essa forma una cascata abbondante su tutta la sua larghezza, e le sue acque cadono in falde da un'altezza di parecchi metri, in un letto più profondo, come se la mano dell'uomo le avesse trattenute con una pescaia. Ne' nelle opere de' viaggiatori e de' geografi del tempo de' Romani, ne', più vicino a noi, nelle carte dell'occupazione veneta, o tra le vedute che corredano i ragguagli delle esplorazioni di Fortis e Cassas, in nessun luogo abbiamo trovata la prova che abbia esistito da una riva all'altra un ponte, destinato ad accavalciare questo abisso; tuttavia, alcuni larghi stati di pietre, disposte come addentellato da una parte della riva, e bagnate dal fiume, paiono indicare gli avanzi di un ponte. Sir J. Gardner Wilkinson, al quale gl'Inglesi devono un viaggio interessante, che ho già citato, è il solo che abbia segnalato questi ruderi; pare anzi che, al suo tempo (1846), si vedessero ancora, sopra questi stati di pietre, da lui giudicati di costruzione romana, due piccoli tubi, simili a condotti d'acqua. La Kerka ha tre cadute: quella di Supaia, quella di Roncislap, e quella di Scardona. È bene ricordare che i geografi antichi designavano questi corsi d'acqua sotto il nome di *Titius*, e per orientarsi ne' racconti di Strabone è necessario tener conto di questa designazione. Poco innanzi di Kistagne, a destra della strada e quasi sulle rive della Kerla, appiè del monte Cavallo, sorgeva una delle più grandi città romane della Dalmazia, Promina, della quale non rimangono neppure le rovine. Questo luogo è oggi chiamato il monte Promina.

Dobbiamo riguadagnar la strada per giungere a Knin, prima di notte, e ne siamo ancora distanti tre ore di cammino. A mano a mano che avanziamo, il paese diventa più fertile; attraversiamo Baducich e Dmitrovitza, dove vediamo finalmente degli alberi, alcuni bei noci, dei campi di miglio e di sorgo, e scorgiamo il villaggio di Knin, che si stende a scaglioni appiè d'una cittadella di carattere spiccatissimo, posta ad un'altezza enorme, e dominata ancora dai picchi più elevati del monte Dinara.

Knin è uno de' punti più pittoreschi della Dalmazia. Una cattiva incisione, trovata in una relazione di viaggio, mi aveva fatto nascere il desiderio di visitare questa città. Knin siede sulle rive della Kerka, ma le sue ultime case montano fin sulla collina, alla cui cima sorge la fortezza. Il luogo è poco considerevole per numero di case; alcune sono di legno, il che dà un carattere turco a tutto il quartiere verso il fiume.

Prima dell'invenzione dell'artiglieria, doveva essere una posizione inespugnabile. Nelle guerre tra i Turchi e i Veneziani, la città fu venti volte presa e ripresa. La possedettero alternativamente i re di Croazia e i re d'Ungheria, e i Turchi, nel 1522, la tolsero a questi ultimi, e la tennero per cento venticinque anni. Foscolo e Cornaro, generali veneziani, se ne insignorirono a loro volta nel 1647, scacciandone i Turchi, e la città rimase definitivamente nelle mani de' Veneziani fino alla caduta della Repubblica. Comprendendo l'importanza di una tal situazione, che domina il passo della valle della Kerka, ciascuna delle potenze che comandò Knin, ne accrebbe la fortificazione via via che si sviluppava la scienza militare, e i Francesi, quando divennero padroni della Dalmazia, vi hanno eseguito delle opere considerevoli che ricordano quelle de' Romani.

Knin aveva un'alta importanza per Marmont, il quale doveva tentar d'entrare in Bosnia, e si era preparato a questa spedizione. Ma nel 1813 fu costretto ad abbandonare il paese, e gli Austriaci posero guarnigione nella fortezza. Nel momento che visitiamo questo nido d'aquila, in cima alla montagna, ascendendo per strade scavate in cornici, le quali girano e rigirano venti volte sopra di sé, vi stanzia soltanto una compagnia d'artiglieria e una di fanteria.

Tre strade convergono a Knin: una che va da Zara a Kistagne (quella per la quale sono arrivato), l'altra da Verlika a Sign, e la terza da Knin a Dernis. Benché piccola, la città ha un certo movimento; il corso della Kerka feconda le vicinanze che sono discretamente fertili, e Knin fa un commercio regolare colla Bosnia. I Turchi vi portano le fascine tagliate ne' loro boschi, e formano

VEDUTA GENERALE DI KNIN

LXXVII

lunghe carovane di cavallini nervosi e resistenti alla fatica, su cui le caricano, traversando così le montagne del Velebich, che paiono impraticabili.

Marmont venne a Knin affine di studiare i passi della Bosnia; correva il 1806: i Turchi e i Russi si erano dichiarata la guerra. Sebastiani proponeva di prestare al Sultano Selim un corpo di venticinquemila uomini, presi dal corpo d'occupazione della Dalmazia. Siccome Marmont doveva avere il comando di queste truppe, così ebbe a preoccuparsi dell'itinerario da seguire, e dei punti che presentassero minori difficoltà per isboccare verso Livno. "Fu, scrive nelle sue memorie, il principio di lavori memorabili eseguiti in tutta la Dalmazia".

Daremo più innanzi alcuni particolari sui lavori di comunicazione intrapresi dall'amministrazione militare.

Nulla può dare un'idea della difficoltà di queste comunicazioni prima dell'occupazione francese. Per un generale in capo, c'era la possibilità assoluta di combattere; le marce riuscivano faticosissime; mancava ogni mezzo di trasportar viveri o munizioni, e l'artiglieria non poteva mai seguire le truppe. È qui naturale il domandarsi come mai i Veneziani, parecchi secoli prima de' Francesi, abbiano potuto lottare contro i Turchi in simili condizioni. La ragione è, che essi possedevano il mare, e venendo da Venezia colla flotta sbarcavano dappertutto in casa propria. Ciascuna delle piazze, dove approderemo in questo viaggio, da Zara a Ragusa, era cinta di mura e dominata da forti appartenenti alla Repubblica. Le porte che davano sulla terraferma, costituivano tante teste di ponte facili a difendere. Inoltre, i Turchi si trovavano in condizioni sfavorevoli; per sboccare in Dalmazia dovevano passare le ardue montagne, che dalla Croazia fino a Cattaro separano le due provincie e servono di confine naturale; non potevano trascinarsi dietro l'artiglieria, e quando, avanzatisi nel territorio, bloccavano una città, l'investimento non era mai completo, giacché i Veneziani avevano il mare, e potevano sempre rifornirsi di vettovaglie dalla costa.

Marmont era entrato dalla parte della terra, e le flotte alleate dominavano l'Adriatico. Gli era dunque necessario di muoversi nell'interno con truppe numerose, provvedute di materiale e d'artiglieria, senza di che la sua azione sarebbe rimasta ristretta. Il duca di Ragusa era quindi condannato all'impotenza davanti alle città fortificate.

Abbiamo veduto che il maresciallo Marmont, privo de' mezzi di portarsi da un punto all'altro, temeva sempre l'entrata in Dalmazia di un corpo di sbarco, gettato sulla costa dalle flotte che bloccavano l'Adriatico: è appunto a questo stato di cose che la provincia è debitrice delle vie di comunicazione che ne cambiarono in breve la faccia.

Il duca di Ragusa, spirito eminentemente civilizzatore e amministratore di somma abilità, ne' grandi lavori che stava per imprendere, trovava un compenso ancora più alto; si attirava la riconoscenza d'una popolazione vinta e domata, e moralizzava le truppe con un lavoro regolare e rimuneratore. Cominciò dunque dal migliorare il nutrimento del soldato, affine di poter richiedere da lui maggiori fatiche. A fianco a ciascun quartiere di reggimento creò l'officina d'attrezzi corrispondenti alle opere da eseguire, evitando in tal modo la necessità di bivacchi incomodi o di modesti traslochi quotidiani. Ciascuna sezione di strada ricevette il nome del reggimento che l'aveva eseguita, e questo nome, al pari di quelli del colonnello e degli ufficiali superiori, furono scolpiti sulle rupi.

Ben presto i Dalmati capirono che, in questi lavori, si trattava pure de' loro interessi più immediati; e senza incontrar opposizione, si poterono arruolare gli abitanti, i quali trovavano così un salario sicuro.

Si fece un censimento generale degli uomini in grado di lavorare, nel quale furono compresi tutti, senza eccezione, qualunque ne fosse la condizione. Era una specie di coscrizione del lavoro. I ricchi davano danaro per esonerarsi; i poveri lavoravano, e guadagnavano onoratamente da vivere. Erasi in tal guisa ottenuta una cifra di dodicimila uomini nella provincia intorno a Knin; si fecero due grandi divisioni: seimila lavoravano quindici giorni, e gli altri seimila si applicavano all'agricoltura o alle loro occupazioni abituali. Distribuiti in numerose squadre, sotto il comando d'un sergente, o d'un capo civile, scelto tra i braccianti, dovevano compire un dato lavoro, e, oltre al salario, ricevevano giornalmente un pane da munizione e due razioni. Se finivano il compito in meno di quindici giorni, potevano tornar a casa. Un tal sistema andava a genio ai lavoratori, e ne restavano per Marmont e per loro dei vantaggi evidenti. Questo sistema è del resto ancora in uso in tutta la Serbia.

Quando i Francesi entrarono in Dalmazia, esisteva un'unica strada, costruita dagli Austriaci, la quale dal confine di Croazia metteva a Zara. Al principio di questa relazione, abbiamo diviso la Dalmazia in quattro bacini, formati da quattro fiumi: Zermagna, Kerka, Czettigna e Narenta. A quel grande ingegnere ch'era il maresciallo Marmont, queste quattro divisioni presentavano un piano naturale bell'è tracciato: trattavasi di creare una rete di strade che permettesse di passar facilmente da un bacino nell'altro.

Salvo la strada già detta, dalla frontiera della Croazia a Zara, tutto il rimanente era in progetto.

Marmont decise innanzi tutto di collegare Zara a Scardona, Sebenico, Traù e Spalato. Fu il primo suo sforzo. In seguito ebbe per obbiettivo di partire dal ponte della Zermagna, e da Knin di passare nella valle della Czettigna, per riuscire allo sbocco migliore della frontiera di Bosnia.

Questa seconda strada partiva da Czettigna, e metteva capo a Cresimo (Bosnia).

Egli volle inoltre rannodare Knin a Ragusa, attraversando così la Dalmazia tutt'intera; e seguì a tale scopo il corso della Czettigna. Questa strada, la più lunga di tutte, fu eseguita dai Morlacchi irregimentati, mentre le altre vie furono costruite dall'esercito: Marmont non voleva stancare i soldati con manovre ed esercizi troppo frequenti; poiché finiscono sempre a disgustare dal mestiere delle armi chi sia ben istruito e ben disciplinato.

Congiunta a Ragusa dall'interno, Knin fu altresì collegata al mare colla strada da Knin a Dernis, da Dernis a Sebenico, e da Sebenico a Traù e a Spalato. Venne pure cominciata la strada detta ancor oggi *la Grande*, la quale, partendo da Zara, corre parallelamente al mare, approfitta del tratto da Knin a Ragusa, alquanto al disotto

CONTADINI FRA KNIN E DERNIS

di Sign, e da Ragusa va a Stagno. Quest'ultima parte fu eseguita dalla guarnigione di Ragusa.

Era il gran sistema romano, applicato dagli eserciti del primo Impero francese. Le strade in tal modo aperte in Dalmazia vennero posteriormente completate in alcuni punti, rettificate in alcuni altri, in certi luoghi surrogate da vie nuove; ma, nel complesso, costituivano allora, e restano tuttavia un immenso benefizio, di cui i Dalmati mostrarono sempre di conservare una grata memoria. La strada Grande fu terminata in sei mesi, non ostante grandissimi ostacoli: i muri di sostegno lungo la discesa dalla montagna di Traù ricordano i lavori d'arte più difficili, e meritano tanto più d'esser tenuti in pregio, essendo allora scarsi i mezzi per compirli.

Capitolo X

Dopo aver viaggiato colla carovana da Zara a Knin, approfitto della diligenza che va regolarmente da Knin a Sebenico, passando da Dernis, e torno all'Adriatico, seguendo nel mio itinerario i due lati d'un triangolo irregolare, e attraversando così due volte la Dalmazia nella massima larghezza. Questa seconda escursione si compie in dodici ore con un servizio regolare di posta, ma a condizione di consacrare un'ora sola alla tappa di Dernis.

Usciamo da Knin seguendo la strada che attraversa la Kerka; il paese è abbastanza ridente; alle pianure di pietre succede un suolo relativamente fertile, ma mal coltivato. Non sapendo opporsi agli straripamenti del fiume, scavandogli un letto, gli abitanti di queste pianure le vedono spesso invase dalle acque, e Knin è considerato come un luogo poco salubre; v'incontriamo infatti molti febbricitanti, che girano coi brividi addosso, e per liberarsi dal male si limitano a pigliar come rimedio un estratto di verbena, mescolato col brodo di manzo. Queste febbri, dai medici del paese dette febbri terzane, regnano in autunno, e particolarmente in agosto e settembre; mesi ne' quali cotesti Slavi, così resistenti ai disagi, evitano di dormir di fuori, o di lasciar le finestre aperte di notte.

I villaggi che incontriamo hanno un aspetto simile a quelli già descritti da Zara a Knin, e le case non avvantaggiano dal lato del pittoresco; tra il monte Cavallo e il monte Kozak si apre una bella valle, innaffiata e fecondata da un affluente della Kerka, il Cossovizza. I luoghi da noi attraversati sono Vinkovitz, Giurgevic, Kossovo, Klanatz, Lukovac, Ziokovicny e Dernis.

Verso Klanatz, la valle si restringe al punto che le due montagne formano un passo angusto, reputato pericoloso per i viaggiatori. Alcun tempo fa, la valigia postale era sempre accompagnata dalla gendarmeria; recentemente fu deciso di farla scortare soltanto quando trasporti somme superiori a tremila fiorini; mi dicono anzi che, dopo il mio passaggio, questa precauzione sia abbandonata; ma intanto di tratto in tratto, incontriamo dei panduri che fanno il servizio. Anche gli abitanti di questo punto sono classificati tra i più ribelli alla disciplina; si tirano tra loro delle fucilate per una capra che leda la proprietà, brucando in un campo vicino. Il governo, per un certo tempo, si è limitato a circoscrivere le sollevazioni d'un villaggio contro l'altro; lascia esercitare la vendetta, salvo a procedere contro i colpevoli, quando vi sia un omicidio o una grave atrocità.

A mano a mano che avanziamo verso Dernis, i greggi diventano più numerosi e il paese più ricco; sentiamo come un alito di vita, e, se non altro, incontriamo l'esistenza di raccolti, sui quali l'abitante di questo triste paese dalmata può fondar l'esistenza.

Dernis si presenta ottimamente: la città sorge sopra un'altura, a cui si giunge per lunghe montate. Le case, piatte e basse, sono dominate da una rovina grandiosa; il minareto d'un'antica moschea turca, rimasto in piedi, si eleva ancora al disopra di tutti i tetti, e spicca sul fondo della montagna. Viaggiavamo in domenica, e la piazza era animatissima. Senza eccettuare nessun punto della Dalmazia, neppure l'uscita da Ragusa verso Trebigne e i confini dell'Erzegovina, Dernis è il luogo dove il vestiario, benché semplice e sobriissimo, presenta maggior interesse.

Tutte le donne d'una certa età celano la parte inferiore del viso; portano delle trecce finte addoppiate come quelle delle ebree del Marocco, e disponendole sul cucuzzolo, le intessono di nastri, o rosso ciliegia, o di quel verde brillante chiamato dai Turchi "verde del Profeta". Usano grandi fisciù, bianchi come la neve, semplicissimi, e contornati di fregi pure molto semplici, ma di stile notevole; le gambe sono avvolte nelle uose e tutte poretano a tracolla, e sopra la casacca turchina, ornata di ricami vivi, il sacco a trapunto in cui ripongono tutto quanto comperano o recano con loro.

Avevamo lasciato Knin alle otto del mattino; a mezzodì entravamo in Dernis, che conta duemila anime, e in cui una superficie assolutamente arida. Mi ha fatto una certa maraviglia l'incontrare, poco in giù di Dernis, dei carri morlacchi pieni di carbon fossile. Desideravo di conoscere donde venisse quel carbone e a qual uso lo destinassero, e mi dissero che vicino a Dernis eravi una miniera abbastanza produttiva, e per la quale avevano fatto grandi spese. Non vorrei spingermi troppo oltre in una tal materia, ma riferirò semplicemente asserirsi che, nono stante l'apparenza, questo carbone non abbia tutte le qualità richieste, affinché l'escavazione possa riuscire molto profittevole. I piroscafi del Lloyd l'hanno impiegato per un certo tempo, perché costa poco; ma, come fa osservare Wilkinson, il punto è, se convenga adoperare, anche avendolo a buon prezzo, un carbone di scarsa potenza calorifera. Il carbone di questa miniera avrebbe inoltre l'inconveniente di produrre un fumo copioso e densissimo. Comunque sia, se questo combustibile venisse consumato sul luogo, costituirebbe un elemento di produzione, sempre importante per un paese così diseredato.

Poiché tocchiamo un tal argomento, dobbiamo accennare altresì alcune miniere di ferro presso Hotton nel territorio di Knin, e alcune altre alquanto più innanzi, verso mezzodì, nel territorio di Sign. È fuori di dubbio che il suolo della Dalmazia, sotto la dominazione romana, produceva dell'oro in gran quantità. È inutile citare i testi, giacché tutti li hanno alla mano: Plinio (capitolo XXXIII), Floro e Marziale indicarono le quantità estratte giornalmente, e il secondo dice che, quando i Romani fecero la conquista, obbligarono i fieri Dalmati a estrar l'oro da queste miniere. Marziale chiama Salona la *Terra aurifera*, e Stazio nell'epitalamio di Stella parla dell'oro della Dalmazia, come se il metallo di questa provincia fosse passato in proverbio. Non lontano avvi pure un monte *Mossor*, che vuolsi fosse nell'antichità il *Mons aureus*. A poche giornate di cammino, in Bosnia, ho or ora riconosciuto come il suolo sia ricchissimo di miniere, e produca anche metalli preziosi. Se questo paese fosse più calmo, se l'industria non dovesse di continuo lottare contro i sospetti de' Turchi, e se sopratutto esistessero c'è, non un'osteria, ma una casa dove si può mangiare, e dove si ferma solitamente la posta. Alcuni ingegneri, incaricati di fare un'inchiesta sopra non so quale tracciato, avevano ordinata una refezione, e dovevamo aspettarli; approfittai della fermata per disegnare un'abitazione villereccia, ch'era evidentemente anteriore all'occupazione francese, e conservava un certo carattere locale. La pianura, al piè di Dernis, è piuttosto bella: produce orzo e frumento; le vallette danno anche un po' di vino.

A un'ora lasciamo Dernis, seguendo un'erta lenta a salire, e la quale ci conduce due volte sopra lo spazio occupato dalla città. Sebbene ad altezza già considerevole, siamo ancora dominati dalla montagna, che, bizzarramente frastagliata, e lacerata a grandi tratti, forma una specie di caos. Superato questo passo, abbandoniamo le pianure che continuavamo a vedere ai nostri piedi, da Knin in poi; e il deserto comincia. È ormai il distretto di Dernis, spianato fino alla montagna che lo separa dal distretto di Traù, e da qui innanzi presenta

ABITAZIONE DI CONTADINI, A DERNIS

strade o ferrovie, gli abitanti raccoglierebbero senza dubbio delle messi feconde.

Questo tragitto di dieci ore non ci presenta nulla che meriti d'esser notato, poiché non abbiamo agio di fermarci, obbligati come siamo di conformarci alle esigenze della posta. Nulla d'altronde ha particolarmente colpiti i nostri occhi tra Dernis e Knin. Sono luoghi aridi e deserti: figuratevi le pianure di Bretagna, dove si ergono i dolmen; l'uomo non può lottare contro una tal natura, e attraversando queste regioni si capisce perché non siano più popolate.

L'entrata a Sebenico è degna di menzione. Abbiamo osservato che le catene di montagne che si staccano dalla catena principale, e formano i bacini che mettono capo al mare, si rialzano sempre alla riva, come un contrafforte o una punta che venga a sostenere la catena a Sebenico; questa disposizione colpisce vivamente: si ascende di continuo per arrivare alla città, e si entra da una squarciatura praticata tra due rupi bigie, donde scorgete l'Adriatico al di là della città di Sebenico, e una quantità d'isole e di scogli che emergono dall'acqua e nascondono l'entrata del golfo.

Una volta alla sommità della squarciatura, si discende rapidamente, passando sotto le due fortezze altissime, San Giovanni e Sant'Anna. La data della costruzione di questo forte di San Giovanni è indicata in una relazione diretta alla Repubblica da un inviato speciale, incaricato di studiare i mezzi di difesa da attuarsi per assicurare il libero possesso di Sebenico. Il forte di Sant'Anna esisteva già; ma l'inviato notava come fosse dominato dal monte San Giovanni, e nonostante le difficoltà, concludeva proponendo di costruire una nuova fortezza, che proteggesse la città dal lato di terra.

GOLFO DI SEBENICO

Capitolo XI

Sebenico non è sulla costa: in questo luogo, l'Adriatico si addentra fra le terre con un angusto canale, chiamato canale Sant'Antonio, le cui acque, mescolandosi a quelle della Kerka, formano una baia stretta e profondissima scavata senza dubbio dalla forza della corrente del fiume, trattenuto alcune leghe più in su nel profondo serbatoio del lago di Scardona. L'accesso della città è difficile quando il vento è contrario; tra le due punte formate dai due bracci del golfo corre uno spazio ristretto. E all'estremità di ciascun braccio si elevano due forti, quello di San Niccolò, costruito nel 1546 dal Sammicheli, il grande ingegnere veneziano, e il ridotto eretto nel 1810 dalle truppe francesi, del quale per altro rimangono soltanto delle rovine.

Sono andato due volte da Zara a Sebenico: la prima volta per terra facendo il gran circuito da Knin e passando da Dernis: la seconda volta per mare. Ci vogliono sei ore di navigazione per andare da un punto all'altro. L'ancoraggio di Sebenico è considerato come sicurissimo; l'acqua è molto profonda, e la poca larghezza del canale di Sant'Antonio, insieme colla posizione delle isole che quasi ne chiudono l'entrata, intercettando i venti, concorre ad accrescer sicurezza alle navi. Arrivando dal mare, la città appare dominata dai castelli, e disposta a scaglioni sopra uno spazio ristrettissimo tra la montagna e il mare: Entrando da terra, l'aspetto è molto più completo, l'occhio abbraccia la città dal didietro, domina il golfo, e anche l'Adriatico all'estremo orizzonte, al di là della spaccatura degli scogli: il tutto s'incornicia graziosamente tra i due profili di San Giovanni e di Sant'Anna.

Nel mio secondo viaggio, quando entro nella città dalla porta di Dernis, il sole è già tramontato; il tempo di cercare un alloggio, d'entrare all'agenzia del Lloyd, di trovare un gentile impiegato, pel quale ho una lettera, la notte è già scesa.

Pranzo ottimamente in una trattoria di carattere italiano, e il mio compagno mi propone una passeggiata notturna in Sebenico. Prima di avviarci, andiamo a pigliare alcuni suoi amici in un caffè vicino. Victor Hugo, ne' momenti d'ozio, disegna con penna piena di estro malinconico delle città del medio evo immerse nelle tenebre, e ne ha formato un intero album. Il poeta de' *Raggi* e delle *Ombre* troverebbe a Sebenico de' soggetti degni di lui.

Ci mettiamo in cammino, e ascendiamo delle scalinate tortuose, anguste, fiancheggiate da case di profili

IL FORTE GIOVANNI, A SEBENICO

bizzarri; degli anditi oscuri, rinserrati come le strade coperte d'una fortezza, sboccano d'improvviso sopra dei *campi*, dove la luna, con un raggio d'argento, illumina una bella loggia italiana, ad arcate del Rinascimento, e traccia sul suolo la lunga e sottile ombra proiettata da una colonna antica, che si erge isolata sulla piazza. Dopo una serie di giri e rigiri, di brusche discese tra muri da cui geme l'umidità, e alle pareti de' quali tremola la pallida luce d'una lanterna incerta; dopo varie ripide montate, a scaglioni alti, logorati e sdrucciolevoli come la

lava, usciamo sopra una piattaforma a merlature, donde l'occhio domina tutta la città, e distingue il golfo, le isole, il mare.

I tetti delle case e le cupole delle chiese si schierano a gradini ai nostri piedi, come masse oscure, sparse qua e là di punti luminosi; il mormorio della città sale fino a noi; dal lato della terraferma, i fori si profilano rigidamente sopra un cielo seminato di stelle; verso il porto, oscillano lentamente agli alberi delle navi i fuochi rossi. Nel golfo, la luna mette una pagliuzza tremolante alla cima d'ogni onda mollemente agitata.

> E il mar che giù si frange, gl'isolotti
> Neri contorna d'argentini flotti.

Ammiriamo, raccolti e pensosi. Ben presto nel silenzio della notte, la nostra guida, giovinotto di immaginazione vivissima, poetica, di rara facondia, e che ha continuato tutta la passeggiata notturna a recitar versi di Dante, si mette a intonare delle stanze della *Gerusalemme liberata*, e la sua voce, di bel metallo italiano, si eleva viva e risonante.

Ascoltando il cantatore, il pensiero ci correva a un'altra notte, *albo notanda lapillo*, in cui, a Toledo, sulla piattaforma di *San Juan de los Reyes*, alla pallida luce delle stelle, avevamo recitato un atto intero della *Vieja del Candilejo*, col vestiario del tempo, insieme con alcuni giovani scrittori, oggi ministri e consiglieri di Stato, mentre allora erano soltanto dei capi ameni.

A Sebenico c'è del commercio; ne forma uno degli elementi lo scavo delle miniere dell'interno, e le isole e la montagna producono ottimi vini. Alla dogana, l'arrivo delle carovane turche presenta delle scene pittoresche e interessanti per il viaggiatore. La città tutt'intera ha una certa attività; malgrado l'irregolarità del suolo e le diversità di piani, che ne formano come una grande scalinata, le case sono meglio costruite che nel più delle città di pari importanza. Alcuni balconi veneziani trilobati, con delicate scolture, potrebbero formar l'ornamento d'un

GUARDIA DI CITTÀ, A SEBENICO

palazzo del Canal Grande, e la piazza de' Signori è la riduzione d'una di quelle belle piazze del nord dell'Italia, destinate al mercato delle erbe e della frutta. Gli abitanti non devono superare i quattro o cinquemila. La maggioranza della popolazione si compone di cattolici romani, ma deve pur esserci un numero ragguardevole di greci ortodossi, giacché, sotto l'occupazione francese, la città fu sede d'un vescovato del rito greco.

Insomma, Sebenico è una delle città in cui ci fermiamo con piacere, e che ha attrattive molteplici: aspetto pittoresco, monumenti, vestiarii, storia, tutti gli elementi concorrono a ispirar interesse. Dal punto di vista strategico, la situazione è particolare; tutto indica che la città è facile a difendersi, poiché è chiusa in una baia, che la protegge dal lato del mare, e cinta di forti che ne assicurano il possesso dal lato di terra. Secondo narra Giustiniani, Sebenico fu edificata dagli Uscocchi, i quali di lì spiavano le navi di passaggio ed esercitavano la pirateria. Scardona, distrutta, la città di Sebenico ne raccolse gli abitanti, e stabilì un governo municipale. In seguito gli Ungheresi la oppressero con assalti continui, e verso il 1412, Sebenico si diede a Venezia.

Darsi a Venezia è un eufemismo, giacché la città si arrese per fame, il 12 luglio 1412. Il Senato l'aveva comperata dal re Ladislao d'Ungheria; ma pagarla non bastava; bisognava prenderla. La flotta veneziana si era da poco impadronita di Arbe, Pago, Ossero e Cherso; tentò un colpo di mano sopra Sebenico, ma non riuscì. I Veneziani posero l'assedio alla città, e quest'assedio durò due anni.

Sebenico aveva avuto, in precedenza, un aspro episodio. Nel 1378, durante la guerra di Chioggia tra Venezia e i Genovesi, guerra famosa tra tutte, e che pose la Repubblica all'orlo della rovina, Pisani, il gran generale veneziano, volendo fare una diversione, si portò nell'Adriatico con venticinque vele che gli rimanevano, e prese successivamente parecchi porti, affine di assicurarsi un rifugio contro i Genovesi, allora padroni del golfo. Gettossi anche in Sebenico, e con uno sbarco audace, che somigliava a un arrembaggio, se ne impadronì di viva forza.

A Sebenico c'era un partito ungherese e un partito veneziano: i nobili parteggiavano per San Marco; il popolo teneva per Sigismondo d'Ungheria. È rincrescevole che abbino distrutta, all'entrata del canale, la torre in cui dovettero rifugiarsi i patrizii assaliti dal popolo e scacciati dalla città. Sigismondo dovette intervenire a loro favore; Sebenico ricusò di riceverli, e il re d'Ungheria, per ristabilire la pace, fece impiccar i capi della resistenza. Le due classi furono da quel momento più nemiche che mai; ma l'aristocrazia finì per trionfare, giacché Sigismondo essendo stato vinto su altri campi di battaglia, i Veneziani trovarono gli abitanti meno ribelli alle loro proposte, e presero possesso della città senza contrasto. Nel secolo decimosesto Sebenico ebbe una vera efflorescenza, e dopo Ragusa, era la città più letterata del litorale.

Quando scendiamo nella città, la *piazza dei Signori*, colla bella loggia italiana e la cattedrale, è piena di passeggianti, bene illuminata, e animatissima, come una piccola piazza di San Marco. Delle fanciulle in graziose brigatelle vanno e vengono, sole, senza parenti, a braccetto, e, come in un salotto, tutti i giovani le avvicinano con bonarietà e rispetto, e vengono a salutarle. Il modo di gestire col ventaglio, il linguaggio, tutto ricorda Venezia; la stessa atmosfera e il cielo stellato fanno pensare alle dolci serate passate in piazza San Marco.

Un lato della piazza è occupato da un caffè, stabilito al pianterreno della *Loggia*, l'antico palazzo de' provveditori, oggi abbandonato alla Società del Casino. È domenica, e la città ha l'aspetto di festa; i tavolini invadono la piazza, come quelli del *Florian* o del *Quadri*. Anche nella cinta di Sebenico, il vestito delle donne della classe mercantile si è conservato abbastanza puro; è grazioso nella semplicità; il pregio non consiste nei ricami, o nelle stoffe rare, ma in una viva opposizione di colori, e nella forma generale atta a far spiccare la bellezza di quelle che lo portano. Il giubbettino bianco e pieghettato, con colletto diritto e largo pettorale aperto a cuore, stacca sulla gonnella di color vivo, e il cui taglio dà sveltezza alla vita.

GIOVANI DONNE DI SEBENICO

XCVII

Anche i gioielli sono leggiadri, e la berrettina rossa, di forma greca, posata sulla sommità del capo, corona elegantemente i capelli, divisi in fasce, i cui rocchi intrecciati ricadono sulle spalle. Le guardie di città di Sebenico, la cui divisa ricorda quella dei Panduri, presentano pure un aspetto sommamente pittoresco in mezzo alla popolazione che indossa l'abito moderno e lascia ai contadini slavi il monopolio del vestiario nazionale.

La cattedrale di Sebenico, che chiude uno de' lati della piazza dei Signori, è celebre nella Dalmazia: la chiamano il *Duomo*; fu cominciata nel 1415 e finita nel 1555. Sgraziatamente, manca d'unità, e non ha davanti spazio sufficiente per veder la facciata principale, che si apre sopra una piazzetta. Partecipa di due stili: il gotico veneziano della seconda età e le forme più pure della prima metà del decimosesto secolo italiano. Ciò che la rende preziosa per l'arte è una volta semicilindrica di pietra, scolpita nella massa.

La chiesa si compone d'una navata principale, e di navi laterali, separate dalla porta centrale per mezzo d'un sistema di cinque colonne, collegate tra loro da archi. La linea verticale delle colonne è continuata, al disopra del capitello che riceve l'arco, da un pilastro che porta il cornicione della volta e segue la curva della volta stessa. Questo pilastro diventa quindi soffitto, e forma delle divisioni parallele sulla volta di pietra decorata con molta eleganza. Salvo questo particolare di sommo interesse, il Duomo è meno singolare di quanto mi facevano supporre le descrizioni de' Dalmati. Paragonato ai monumenti cristiani della provincia, è, in sostanza, un monumento di un tempo recente, e di stile non abbastanza puro per assumerlo come tipo. La facciata principale laterale è interessantissimo e ingegnoso dal lato della decorazione.

Sebenico è il punto da cui convien partire per l'escursione alle cascate della Kerka. Questo fiume, come abbiamo detto, si getta nel golfo un po' al nord-ovest della città. Si può rimontarne il corso in due ore e mezzo, noleggiando una barca nel porto. È una passeggiata severa, ma che ha la sua attrattiva a mano a mano che avanzate. Il fiume scorre dapprima tra due rupi, e le rive sono deserte; dopo un tragitto di tre miglia si giunge al lago, e sulla sponda si eleva la cittaduzza di Scardona, che era ancora turca duecent'anni fa, e conserva delle tracce della presenza de' musulmani. Il viaggiatore passa da Scardona senza fermarsi, e continua a rimontare il fiume fino alla cascata, distante circa una lega dalla città.

Non è piccolo affare il procurarsi un battello per arrivare a queste cascate; bisogna mandare a Vissovatz, e chiedere il prestito d'una barca per uno straniero. Per non perdere una giornata, preferii di tenere al servizio i pescatori che avevo a Sebenico, e continuare la gita con loro, sebbene questo partito riuscisse discretamente oneroso.

Le cadute sono molto pittoresche, e la natura che incornicia il quadro è più ridente che in ogni altro punto della Dalmazia. Dal lato geologico avvi una particolarità interessante; la Kerka scorre sopra un letto di rocce calcari friabilissime, e il carattere speciale di queste cascate sta in ciò, che le acque, in luogo di passare da un letto elevato a un letto inferiore, trovansi qua e là trattenute da rupi, e rimbalzando e frangendosi, si sono aperte una strada nel letto friabile da esse scavato, attraversando così delle piccole gallerie, e uscendo da numerose aperture. Qui non avvi dunque una larga falda cadente da grande altezza, come nelle cadute celebri, ma numerose cascatelle, che sboccano fuori in tutte le direzioni.

Le cascate danno moto ad alcuni mulini, e il movimento di barche è piuttosto notevole; sulle rive sorgono de' begli alberi, e il paesaggio è ridente; ma, a quanto affermasi, la Kerka forma delle paludi tra Scardona e le cascate, e la regione è soggetta alle febbri. Io ho fatta un'escursione rapida, senza neppur lasciare il battello, giacché dovevo proseguire il viaggio verso mezzodì, e ritornare al porto di Sebenico, affine d'imbarcarmi a giorno fisso per Spalato.

Da Sebenico a Traù, e da Traù a Spalato corre una strada abbastanza buona; ma mi dissuasero d'andar per terra, avendo già veduto il paese nelle regioni più interessanti. Andar per acqua voleva dire un guadagno di tempo: d'altra parte, lungo la strada non s'incontrava nessuna città interessante, per compensare il ritardo d'un lungo tragitto per terra.

Nella stessa giornata in cui avevo fatta l'escursione da Sebenico a Scardona e alle cascate della Kerka, ritornai a notte a Sebenico, ed essendo la nave già in porto, ottenni di insediarmi a bordo la sera stessa, per aspettar la partenza, che doveva aver luogo il domattina per tempo.

LE CASCATE DELLA KERKA, A SCARDONA

Capitolo XII
SPALATO

Ci vogliono cinque ore da Sebenico a Spalato. Il piroscafo rasenta la costa, altissima in questa parte, e di accesso difficile; a cominciare dal capo Planca (situato poche miglia al disotto di Traù, nella nostra carta generale), il mare Adriatico sembra addentrarsi fra terra con numerosi canali, e formare un immenso estuario fino a Ragusa.

Le città sorgono sempre alla costa, e ciascuna è un porto, come in Istria e nella parte nord della Dalmazia, ma sono annicchiate in fondo ai golfi, nascoste da isole molto più grandi di quelle formanti i canali di Zara e di Sebenico, e di tale importanza da costituire dei distretti interi. Per citare soltanto le più vaste di queste isole, nomineremo Bua, Solta, Brazza, Lissa, Lesina, Curzola, Sabbioncello, Melida, e il gruppo delle Elafiti. L'esistenza di questi canali, di questi *fiordi*, in cui entrano le navi, è il carattere particolare dell'Adriatico; da Palanca fino a Ragusa pare di navigare ne' grandi laghi italiani, giacché non si perdono mai di vista le due rive, quella del continente dalmata, e quella formata dai gruppi di scogli scaglionati successivamente in quattro lunghi canali paralleli: il canale di Spalato, tra Bua e Solta; quello di Lesina, tra Brazza e Lesina; il canale di Narenta, tra Lesina e Curzola; e il canale di Melida, tra l'isola omonima e Sabbioncello.

Abbiamo lasciata a distanza, nell'alto mare, l'Isola di Lissa, celebre nella storia per due scontri: nel 1811, tra le flotte francese e inglese; nel 1866, tra le flotte italiana e austriaca, comandate l'una dall'ammiraglio Persano, l'altra dall'ammiraglio Tegethoff.

Passando tra due scogli, che formano la bocca del canale di Spalato, Solta e Zirona, abbiamo costeggiata l'isola di Bua, a non più di quaranta metri di distanza, e siamo giunti in vista della città di Spalato. Bua ci nascondeva Traù, alla quale è collegata da un ponte, e la sua postura è tale, che, toccando la costa colla parte nord e il promontorio di Spalato colla punta sud, forma colla terraferma una baia ovale, riparata dai venti, e propizia all'agricoltura; l'Adriatico lascia qui il suo nome, per assumere quello di *Riviera delle Castella*, successione di villaggi sorgenti sopra una spiaggia clemente, in un suolo fertile e con un dolce clima.

L'anno 303 dell'era volgare, quando l'Impero romano, giunto a quella grandezza smisurata che doveva cagionarne la rovina, era, dopo cencinquant'anni di guerra, entrato in un periodo di pace, illuminando il mondo con un ultimo raggio della sua gloria, l'imperatore Diocleziano, ristoratore della disciplina militare e vincitore de' Medi e de' Persi, raccolse il popolo e l'esercito nelle pianure di Nicomedia, salì i gradini del trono, e colla fronte cinta della corona trionfale, in tutto il prestigio dell'ultima vittoria, annunziò al mondo la risoluzione di abdicare all'impero.

In mezzo allo stupore destato da una tale dichiarazione, l'imperatore, senza neppur rientrare nella capitale, si nascose a tutti gli sguardi in un carro coperto, e si diresse verso la Dalmazia, per ritirarsi dal mondo e occupare sulla riva dell'Adriatico, lo splendido palazzo che vi costruiva da dodici anni.

VEDUTA DI TRAÙ, PRESA DALL'ISOLA BUA

Questo palazzo di Diocleziano, che l'imperatore abitò per nove anni, fino alla morte, sorge ancora a Spalato, e al pari delle rovine di Palmira, è uno de' monumenti più considerevoli dell'antichità. A pochi passi di lì erano i giardini di *Salona*, che Diocleziano additava da lontano al collega Massimiano, dicendogli: "Se tu potessi vedere le lattughe che ho piantato colle mie mani, non mi solleciteresti a ripigliar il carico del potere".

Questo palazzo di Diocleziano, è la stessa città in cui stiamo per approdare, giacché si è fondata nella sua cinta, e riparata tra le sue mura. In qual condizione fu costruito il palazzo? Qual aspetto presentava nel momento in cui venne devastato? Qual ne è lo stato attuale? Per quali peripezie della storia, un palazzo ha potuto diventare una città? Tenteremo di rispondere a queste domande, e il lettore giudicherà, al par di noi, che una riva, la quale presenta al visitatore due città come quella di Pola e di Spalato, a fianco ad altre città come Zara e Ragusa, merita d'essere esplorata dai viaggiatori e di eccitare l'interesse degli storici e degli archeologi.

Veduta dal ponte della nave, Spalato ha l'aspetto d'una gran città, ed è in fatto la più popolata e la più

RIVIERA DELLE CASTELLA

importante città della Dalmazia. Situata sulla spiaggia e in piano, presenta la lunga linea delle rive, terminata a destra dal Lazzaretto, grande edifizio che forma un piano sporgente, e, a sinistra, dalla parte nuova e dal sobborgo. Un immenso campanile erge la sua guglia al cielo, e si stacca sopra un gran fondo di montagne di profilo semplice e poco ondeggiato: gran catena, che segue esattamente le sinuosità della costa, da Sebenico a Ragusa, con un picco dominante, il monte Mossor, che sorge a destra dello spettatore.

La grande curiosità di Spalato, l'impressione che domina tutto per i viaggiatori, l'interesse capitale e consi-

VEDUTA GENERALE DI SPALATO, PRESA DAL PORTO

derevole del soggiorno in questa città, è la rovina monumentale, forse unica al mondo, che si chiama il palazzo di Diocleziano.

L'imperatore era nato sulle rive dell'Adriatico, appiè del Montenegro, a Dioclea. Cominciò la carriera come semplice soldato d'una di quelle legioni romane che dovevano difendere l'Impero dall'invasione de' Barbari. Giunto, di grado in grado, ai posti più alti dell'esercito, benché figlio di liberto, brigò il potere e, in un tempo in cui le coorti elevavano per acclamazione il generale che le aveva condotte contro il nemico o che aveva saputo meglio dominarle, fu gridato imperatore l'anno 284

dopo Cristo. Aggiunse al suo nome quello di Giove, e si associò all'impero Massimiano Ercole, soldato non meno fortunato di lui, ma ben inferiore per vigoria d'intelletto, versatilità d'ingegno, e scienza degli uomini. Diocleziano aveva restituita la pace all'Impero. Dopo un lungo periodo di guerra, lasciata al collega la cura di esterminare gli ultimi nemici di Roma, divenne un amministratore di genio e un profondo legislatore.

Roma aveva già perduto l'antico prestigio; regnavano quattro sovrani ad un tempo, e si dividevano l'Impero: Massimiano prima, poi i due Cesari, Costanzo e Galerio, associati da Diocleziano al potere. Continuamente in guerra coi Barbari, l'imperatore alla città sacra preferì il soggiorno di Nicomedia, dove introdusse nella Corte tutta la pompa orientale; Massimiano si stabilì a Milano, Costanzo nelle Gallie, e Galerio sulle sponde del Danubio.

Gran costruttore era Diocleziano. Ei lasciò dappertutto la traccia del suo passaggio: Roma gli deve le terme famose, che portano il suo nome; Palmira, i templi oggi in rovina, ma ancora oggetto d'ammirazione per i viaggiatori; Cartagine, Circeio, Milano, Nicomedia videro sotto il suo regno elevarsi splendidi monumenti, ne' quali spese a piene mani i tesori dell'Oriente, sottomesso in gran parte colle sue armi. Verso l'anno 296, già stanco del mondo, rivolse lo sguardo alla città di Salona, una delle più importanti della Dalmazia, situata in fondo ad una baia tranquilla appiè delle montagne, e la ricostruì da cima a fondo, disegnandovi de' giardini, dove piacevagli di ritirarsi in mezzo a questa natura dalmata, che gli parlava alla memoria, e ch'egli amava come i pescatori degli scogli amano il suolo arido che li ha veduti nascere. In quel medesimo torno di tempo, a una lega da Salona, proprio alla riva del mare, Diocleziano gettò le fondamenta dell'immenso palazzo, in cui divisava di ritirarsi lontano dal rumore, il giorno in cui abdicasse.

Dopo una brillante campagna in Persia, egli apparve un'ultima volta agli abitanti di Roma, ricevette gli onori del trionfo, poi ritornò a Nicomedia, e rassegnò solennemente il potere.

L'imperatore aveva impiegato nove anni a costruire questo splendido ritiro; non era dunque la dimora modesta del savio, che sbandisce il lusso; era un palazzo immenso, degno ancora d'un imperatore, e vasto al punto da contenere templi, terme, sale per i pretoriani, e abitazioni per tutta la miriade di clienti che gravitavano intorno al sovrano disceso dal potere.

Prima d'entrare nella città, ci permetterà il lettore di descrivere il palazzo qual doveva essere secondo gli archeologi e i viaggiatori che ci hanno preceduti; poi daremo tutta l'illustrazione del palazzo.

La costruzione è di forma quadrata, e rinfiancata agli angoli da torri di difesa. La facciata principale guarda l'Adriatico. La superficie generale dell'edificio, senza i giardini attigui, occupa trentamila cinquecento metri; la galleria aperta, che guardava il mare, aveva duecento metri di lunghezza. Era un lungo ambulacro con portico o loggia aperta sul golfo; di là dominavansi tutte le isole dell'Adriatico, e le onde venivano a frangersi contro lo zoccolo.

Il palazzo aveva tre porte principali, senza contare la porta di mare: una al nord, la *porta Aurea*, che aprivasi sullo stradone di Salona; la *porta di Bronzo*, che conduceva ad un luogo detto *Epetium*, oggi Hobrech; e la *porta di Ferro* che, secondo l'archeologo italiano Lanza, comunicava con un parco riservato alla caccia imperiale. Ciascuna di queste porte era munita di due torri ottagone. La quarta porta si apriva proprio sul mare, e serviva allo sbarco e agli arrivi dal mare; essa comunicava con enormi sotterranei, ancora esistenti, e dai quali accedevasi ad ogni parte dell'edifizio.

Abbiamo creduto necessario di far incidere una pianta dello stato presente del palazzo di Diocleziano; la parte di essa tinta di nero, figura le parti del monumento che esistono tuttora; il tracciato a linee, con indicazione di vie e di case chiuse nella cinta, rappresenta la parte della città edificata sull'area delle costruzioni antiche, mettendole a profitto.

Nel 1757, l'inglese Adams, archeologo e viaggiatore distinto accompagnato da un Francese, di nome Clérisseau, si stabilì a Spalato, collo scopo di misurare il palazzo in rovina, esaminarlo parte a parte, e tentarne uno studio di ricostruzione. Adams aveva con sé due dragomanni, e si era fatto raccomandare dal governo britannico al provveditor generale della Dalmazia. Salvo alcuni episodi, originati dai sospetti dell'ignoranza e dalla superstizione, i due archeologi poterono praticare scavi, applicarsi a lunghe investigazioni e, secondo le vestigia, allora più numerose d'adesso, stabilire una pianta e i rilievi della costruzione primitiva, quale la congetturavano. Adams pubblicò il risultato de' suoi lavori in una magnifica opera in folio, eseguita per sottoscrizione, e oggi divenuta rara.

Al nostro arrivo a Spalato, il signor Bajamonti, podestà di Spalato, deputato alla Dieta di Dalmazia, e membro del Consiglio dell'impero, ha cortesemente messa quest'opera a nostra disposizione. È illustrata da numerosissime incisioni in acciaio, bene eseguite, e torna indispensabile per chiunque voglia raffrontare lo stato primitivo probabile. Non è, naturalmente, che una grande ipotesi; ma chi consideri che Adams aveva su di noi un vantaggio di cento diciotto anni, e che gli scandagli, gli scavi, le ricerche d'ogni maniera da lui condotte, sono durate più d'un anno, ammetterà che abbia potuto almeno ritrovare la pianta o le tracce della pianta, e che una tale ricostruzione, in cui un altro archeologo, il professore Francesco Lanza, direttore del Museo nazionale di Zara, ha riscontrato posteriormente alcune esagerazioni e alcune inesattezze, resta a ogni modo un'opera pregevole, e un primo saggio, meritevole di grande considerazione.

Dal punto da cui abbiamo presa la veduta complessiva della città di Spalato, ci vuole un occhio attento per riconoscere la parte antica, adattata ai bisogni moderni, e sfigurata a poco a poco dalle devastazioni degli uomini; soltanto un disegno su vasta scala potrebbe permettere di ben distinguere le particolarità architettoniche tuttora esistenti, e le modanature degli archi della loggia. Tutta la parte al disotto del campanile, e alla quale sono addossate le piccole costruzioni che fiancheggiano la riva, costruzioni posteriori e relativamente recenti, ci nasconde la base antica, che si bagnava nel mare, e corrisponde alla parte *c d* della nostra pianta. A destra del campanile, il lettore vede elevarsi un tetto a falde coniche: è il tempio del palazzo, oggi convertito in cattedrale.

Orientandoci sulla pianta dello stato attuale, in modo da guardar la facciata *c d*, volta verso il mare, vedremo

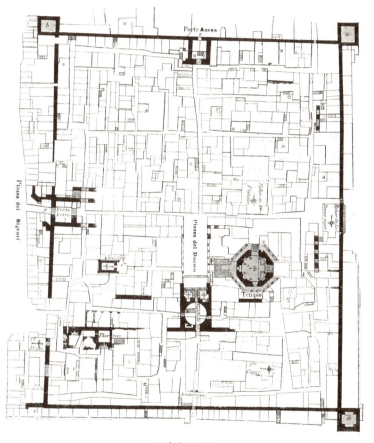

PIANTA ESATTA DELL'ANTICO PALAZZO DIOCLEZIANO COMPRESO DA UNA PARTE DELLA CITTÀ DI SPALATO

che si entrava dai sotterranei. Delle scale a chiocciola, a destra e a sinistra, conducevano ai piani. Tutta la facciata era occupata da un'immensa galleria aperta sul golfo, con fregi nel mezzo e alle due estremità, e cinquanta colonne, formanti portici e loggia aperta. In *c* e *d*, due torri di difesa, quadrate, rinfiancavano la facciata; quella in *d* esiste intatta, quella in *c* è intieramente distrutta. La decorazione delle colonne è ancora visibile, le aperture sono chiuse, il muro è pieno, ma i cornicioni sussistono, e, in un disegno che abbiamo fatto eseguire da una fotografia presa dal punto *d* e guardando in *c*, si può giudicare delle vestigia. In *h* era la porta sotterranea. Le case della città sono venute ad appoggiarsi a livello della riva, e nascosero lo zoccolo della gran facciata; questa stessa riva, che ha potuto esistere in tutti i tempi, fu allargata dal duca di Ragusa. Dopo maturo esame, crediamo che fosse appena una orlatura; l'onda doveva lambire i piedi del palazzo, come a Miramar: era una facciata grandiosa sull'infinito del mare.

La costruzione tutt'intera, come appare indubbiamente dai ruderi, era divisa in quattro parti, separate da lunghi portici a croce greca, e intersecantisi ad angoli retti nei due assi. Il braccio che partiva dalla porta sotterranea terminava alla porta Aurea. Il braccio orizzontale andava dalla porta di Ferro alla *chiesa della Buona Morte*. La parte che guardava il mare conteneva gli appartamenti di Diocleziano, le sale di ricevimento, una piazza pubblica, un gran tempio, un altro più piccolo, e le terme. Le parti della pianta che rimangono sono: le *terme*, il vestibolo d'onore, la piazza, divenuta la *piazza del Duomo*, il *tempio*, che è intatto, e l'altro tempietto, designato sotto il nome di *Mausoleo*, benissimo conservato anche oggidì.

Le tracce di un portico perpendicolare alla riva esistono ancora proprio al punto dove questo portico ne tagliava un altro parallelo al mare; questa disposizione divideva il gran quadrato generale in quattro quadrati più piccoli; le torri di difesa ottagone, all'estremità di questi colonnati, sono quasi scomparse: se ne riconoscono per altro alcuni avanzi a destra e a sinistra in *g*.

Degli altri due quadrati, a destra e a sinistra del portico d'accesso alla *porta Aurea*, rimane soltanto un'indicazione di tre assi, a destra, parallelamente al muro di cinta. Ma sono note le necessità di un'abitazione antica; si hanno informazioni esatte sull'equilibrio necessario delle piante degli edifizi, secondo i sistemi degli architetti romani, e per mille deduzioni, che qui non abbiamo agio di sviluppare. Adams prima, e Lanza dopo di lui, conclusero che questa parte posteriore doveva essere destinata, la prima, a sinistra, ai pretoriani, alle guardie, alle donne di servizio; la seconda agli appartamenti di Dioclea, madre dell'imperatore. La parte *e*, la *porta Aurea*, è ancora ben conservata, e la riproduciamo. Anche le torri angolari di difesa di questa facciata esistono intatte, in *e* e *b*.

Come si vede, c'era la casa pubblica e la casa privata. La prima esiste, ed è la grande attrattiva dei viaggiatori, nella pianta è figurata sotto il nome di *Piazza del Duomo*, col portico quasi intatto, il *Tempio*, e il *Mausoleo*; ne riparleremo in seguito, quando visiteremo la città. Ora vediamo per quali cambiamenti successivi e quali cataclismi il palazzo divenne una rovina, e la rovina una città, la città di Spalato.

LA PORTA AUREA DEL PALAZZO DI DIOCLEZIANO

Capitolo XIII

Diocleziano costruisce il palazzo verso l'anno 295, abdica nel 303, e, se prestiamo fede alla *Cronaca* d'Eusebio, abita a Spalato fino al 313, anno della sua morte. Il quarto secolo è il secolo delle invasioni; l'Impero romano è diviso dopo Teodosio; ad Onorio è assegnata la Dalmazia colle altre province. L'Illiria tutt'intera diventa ben presto preda degli Unni, dei Goti, dei Visigoti, e Alarico due volte un secolo mette tutto il paese a fuoco e a sangue. Il territorio era infatti senza difesa. Agli Unni succedono i Vandali. Genserico sottentra ad Attila e ad Alarico. Per altro Marcellino, il rappresentante dell'Impero d'Oriente, al quale è toccata la Dalmazia, riesce a conquistare la provincia intera, distaccata ormai da Roma, a sua volta saccheggiata dai Barbari (409).

Durante queste invasioni, il palazzo è visitato dagli invasori; i templi e i tesori sono saccheggiati; tutto quanto è prezioso per materia o per lavoro diventa preda dei Barbari. Le statue degli dei giacciono sparse e mutilate, i sarcofaghi violati; Salona, la città vicina che Diocleziano avea ricostruita da cima a fondo, abbellita e fortificata, è messa a ruba; resiste non pertanto a questo primo assalto, e ben presto ripara le sue rovine.

Al principio del quinto secolo, la dimora imperiale di Spalato è convertita in un *Gineceo*, specie di collegio, dove le ragazze dalmate vanno a filare e tessere la lana, per allestire gli abiti delle milizie sotto la direzione del *Procurator gynecei Jovensis Dalmatiae Aspalato*. La pace ritorna a poco a poco; il palazzo è ristaurato, per restituirlo alla primitiva destinazione, e farne la dimora di Marcellino, poi di Glicerio e di Giulio Nepote (475). Ma, verso questo tempo, Odoacre, già padrone d'Italia, invade anche la Dalmazia, la quale diventa il campo di battaglia in cui gli Eruli e i Visigoti, condotti da Teodorico e da Odoacre, si fanno una guerra implacabile.

Teodorico chiama in aiuto i Goti e gli Slavi, e le città rimaste illese nelle prime invasioni, vanno distrutte; il palazzo, appena restaurato, è di nuovo preda dei Barbari, e questa Salona, oggetto della loro cupidigia, città ricca e piena di prestigio di Diocleziano, è data una seconda volta alle fiamme e saccheggiata. L'imperator Costanzo libera di nuovo il territorio, e scaccia i Goti; ma è un'ora di tregua che dura soltanto fino al 639, anno in cui un luogotenente di Totila dapprima, poi i Longobardi, in fine gli Avari, scendono come un torrente, superano l'angusto passo di Clissa, dove parrebbe che una coorte possa fermare tutt'un esercito, entrano in Salona, e questa volta ne disperdono così bene le ultime vestigia, da cancellare questa grande città dalla superficie del mondo, e lasciarne appena la memoria. Da Salona passano a Spalato, dove un'ultima volta si aggrappano alle anguste mura che hanno tante volte subìti gli assalti degli invasori.

Il settimo secolo vede la nascita della città di Spalato; è il momento della grande trasformazione del palazzo di Diocleziano. I Barbari hanno tutto distrutto sul loro passaggio; non resta loro più né un tempio da rovesciare, né una città da diroccare, né un villaggio da incendiare; da una parte sono discesi verso la Prevalida (l'odierna Albania); dall'altra hanno seguito la spiaggia, attraversando la Croazia, l'Istria, il Friuli; hanno distrutto Aquileja e Altino, saccheggiata Padova, e ricacciati nelle lagune i popoli che hanno fondata la gran repubblica di Venezia, la cui potenza basavasi sulle onde mobili dell'Adriatico.

Il torrente pare esaurito; gli abitanti di Salona, che hanno dovuto fuggire tre volte nelle montagne e nelle isole dell'Adriatico, escono dai loro recessi, e vengono a cercare appiè di Clissa il luogo dove un tempo sorgevano le loro case. Affezionati al suolo nativo, non vogliono abbandonare gli orizzonti prediletti; la loro patria non è più che una rovina e un mucchio di ceneri; vivranno a ogni modo sotto lo stesso cielo, riparati dalla stessa montagna; sentiranno soffiare il vento che viene dall'Adriatico. Vanno dunque a cercare rifugio nelle rovine del palazzo di Diocleziano. Le mura sono massiccie; hanno resistito all'urto dei Barbari; è una fortezza facile a difendere. Ricoverano sotto i portici, ne' vestiboli, nel tempio disertato dagli dei; come uccelli sbattuti dai venti, sospendono i nidi alle cornici, e nascondono i piccini nelle fessure del monumento, sotto i grandi architravi, nelle terme, nelle pompose sale dove un tempo il grande imperatore riceveva gl'inviati di Roma. Trovare un asilo è per loro la questione suprema: Barbari a loro volta, si tagliano delle abitazioni nell'immenso fabbricato, e compiono l'opera della barbarie, così il palazzo diventa un casale, un villaggio, una città in fine. *Ad Palatium - Aspalathum - Spalatum - Spalato.*

A questo momento Spalato è rinchiusa nella cinta del palazzo; si restaurano le torri di difesa, le porte sono murate e custodite; è una città fortificata. Il gran tempio (dedicato, secondo alcuni, a Diana; secondo altri a Giove) diventa una basilica cristiana. La maggior parte degli abitanti di Salona avevano già ricevuto il battesimo, e vivevano nella fede di Cristo; papa Martino (649-655) manda loro come legato apostolico Giovanni di Ravenna, il quale procede a ristaurare il culto, e si fa giudice delle contestazioni sorte tra Ragusa e Spalato intorno alla sede metropolitana, primitivamente situata a Salona.

Salona la vince, e quindi Spalato, che è sottentrata alla metropoli. Giovanni di Ravenna è acclamato dalla folla, proclamato arcivescovo, e secondo le regole sinodali, sceglie la sua dimora vicino alla cattedrale, divenuta il *Duomo*, sotto lo stesso portico dell'antico tempio, dove abita anche oggidì il prelato di Spalato. Il suo palazzo ha per facciata le colonne del portico antico, e le finestre, che si aprono negli intercolonnii, guardano sull'antica piazza pubblica del tempio. Il *Mausoleo*, che fa riscontro al tempio della nostra pianta, è convertito in battistero; levato e allontanato il sarcofago, in cui, a quanto dicesi, riposavano le ceneri di Diocleziano, i cattolici romani mettono nello stesso luogo la piscina destinata a rigenerare coll'acqua battesimale. Singolare sostituzione, in cui si tocca ancora col dito la traccia, e alla quale è dovuta l'incertezza sulla destinazione primitiva di questo tempietto, designato sotto il nome di Mausoleo, ma al quale alcuni archeologi danno pure il nome di *tempio d'Esculapio*.

È meraviglioso privilegio delle arti, e sopratutto dell'architettura, di corroborare la storia con tal forza, che i periodi più confusi s'illuminano di luce nuova, studiando i monumenti rispettati dal tempo. Dapprima, nel terzo secolo, abbiamo a Spalato il segno incontestabile della potenza romana al declinare: i Barbari del quinto, del sesto, del settimo secolo si denunziano colle tracce della loro violenza; vedemmo or ora il culto dei Gentili dar luogo al culto dei Cristiani; e infine, a una città romana e pagana, a Salona, succede la città cristiana di Spalato.

Alla dominazione degli imperatori romani è sottentrata quella degli imperatori d'Oriente; d'or innanzi regnerà la Roma papale, rappresentata da Giovanni di Ravenna, il quale riunisce i due poteri (sebbene Eraclio, imperatore d'Oriente, abbia ancora la sovranità nominale). Dopo Roma, che perde il potere temporale, conservando soltanto lo spirituale, i Croati ed i Serbi, tutt'e due popoli d'origine slava, abitanti dei Carpazi, acquistano diritto di cittadinanza nell'Illiria, a condizione di difendere il suolo contro gli Avari, e di rispettare le città della costa dell'Adriatico. L'influenza italiana data da tempi lontani; queste città erano colonie romane; restano soggette ai vescovi, a lor volta soggetti a Roma. Ben presto passeranno ai Veneziani, e se la campagna tutt'intera è slava, la costa, la quale ha subita l'influenza latina, ricadrà in breve sotto il giogo dei Veneti, e ne conserverà un'impronta indelebile.

I Croati e i Serbi portano seco le loro usanze e le loro dinastie di duchi. Dapprima hanno da lottare contro i Franchi, i quali contendono loro il possesso del territorio; poi cominciano a ordinarsi sotto un governo, a dar leggi al paese, e formano gli *Statuti*. Spalato a questo tempo ha istituzioni municipali, cresce e prospera, anzi già s'ingrandisce, e la cinta del palazzo non le basta più. Ma la sua prosperità eccita la cupidigie; i Croati vogliono toglierle le libertà; i pirati narentini, che già compaiono nella storia, vessano a tal punto gli abitanti colle loro incursioni, che la città è ridotta a implorar il patronato della repubblica di Venezia. Il doge Pietro Orseolo II, di cui troviamo il nome nella storia di tutte le città del litorale, sbarca a Spalato, batte i Croati, scaccia i Narentini, conclude una pace vantaggiosa con Cresimiro II di Croazia, e riceve gli omaggi delle città dalmate, le quali rimangono tuttavia libere, e si governano ancora coi loro vescovi e coi propri statuti.

Ma Pietro Cresimiro prende il titolo di re di Croazia e di Dalmazia, e contesta il diritto dei Veneziani; d'altra parte, Colman, re di Ungheria, rivendica dei diritti immaginari sul paese, e nel 1102 entra in Spalato con un esercito. Poco tempo dopo, si fa anche incoronare a Belgrado come re dei due regni. È il periodo delle incursioni dei pirati normanni. A Cresimiro è necessaria una flotta, per finirla con questi pirati: ma non ha potere sul mare; si allea dunque ai suoi nemici, i Veneziani, i quali, pacificata la costa, chiamano in aiuto Alessio Comneno, imperatore di Costantinopoli; e questi pone l'assedio alla città, esposta alle pretese delle due potenze (1143).

È malagevole il seguire nella storia queste peripezie, che fanno passare la città di Spalato dai Croati agli Ungheresi, dagli Ungheresi ai Veneziani, dai Veneziani ai Greci, tutti molestati nella loro rivendicazione, da competitori sempre pronti al saccheggio, Normanni, Narentini, Uscocchi.

Dopo il 1143, il doge Vital Faliero considera i diritti di Venezia come cancellati, e compera di nuovo il possesso della città, aggiungendo al titolo di doge quello di duca di Croazia e di Dalmazia; ma gli Ungheresi non accettano il trattato consentito dai Greci, e fino al 1180 la città è continuamente presa e ripresa. Da ultimo rimane agli Ungheresi per un periodo di centocinquant'anni, periodo attraversato ancora da drammi senza fine, il più crudele dei quali è l'invasione dei Tartari nel 1241.

Alla fine, nel 1420, dopo un periodo di dominio napoletano, stanchi di tutti questi cambiamenti successivi, pei quali ebbero sempre a passare dalle mani d'un padrone in quelle d'un tiranno; mal protetti, inoltre, contro i pirati, gli Spalatini accettano senza contestazione il trattato con cui Ladislao, re di Napoli, cede al senato di Venezia la città di Spalato mediante il pagamento di centomila ducati d'oro.

Dal 1420 al 1797, vale a dire sino alla caduta della Repubblica, Spalato rimane ai Veneziani, sebbene i Turchi la assediino parecchie volte, durante le lunghe guerre sostenute contro Venezia.

Dal 1797 sino ai nostri giorni, Spalato segue la sorte della Dalmazia. Nel periodo dal 1420 al 1797, la città si è sviluppata, si è estesa verso il nord, e divenne la più ricca piazza commerciale della Dalmazia. Spalato non è più contenuta nel palazzo, si è estesa dai due lati; la stessa piazza dei Signori è al di fuori della vecchia città che ha raccolto i Salonitani. Ci sono tre città: quella fuori della *porta di Ferro* (la *chiesa della Buona Morte*, nella nostra pianta dello stato attuale), quella del lato della *porta di Bronzo*, e quella fuori della *porta Aurea*. La riva è stata allargata; i pescatori, i mercanti d'attrezzi e di tutto quanto concerne il commercio dei battelli e degli apparecchi, sono addossati alla muraglia antica, e guadagnando spazio sullo stesso mare, il governo veneziano fonda il gran lazzaretto che vediamo alla nostra sinistra dall'alto della nave, e dove tutte le carovane turche trasportavano le mercanzie dalle Indie e dalla Persia, prima della scoperta del capo di Buona Speranza.

Capitolo XIV

Fin qui siamo rimasti sul ponte della nave; ora scendiamo a terra, e costeggiando la banchina appiè della muraglia del palazzo di Diocleziano, ci dirigiamo verso la città nuova, che si stende verso nord, seguendo la riva: l'aspetto regolare, le grandi case nuove, con piazze ad arcate e botteghe di carattere moderno, indicano una costruzione affatto recente. Lì è situato il nostro albergo, ch'è abbastanza decente, ed ha il pian terreno occupato da una trattoria, frequentata dagli impiegati e dagli ufficiali della guarnigione.

Le nostre finestre danno sul mare e sulla piazza nuova, di cui sono costruiti soltanto due lati: quello che guarda la spiaggia, e la parte nord; l'ala alla nostra sinistra è *in fieri*: tutto indica una città in lavoro di ricostruzione. Fu scavato un porto nuovo: ora è progettata una ferrovia, e mi mostrano anzi già l'area che occuperà la stazione.

Per altro, tutta questa parte della città è quasi deserta; attraverso alle finestre delle nostre imposte, chiuse per difenderci dai raggi d'un sole ardente, vediamo le donne di Spalato stendere su tutta l'area della piazza dei panni bianchi, coperti di grano turco che fanno seccare; insomma la vita non circola ancora in queste nuove arterie.

La nostra prima visita è dedicata al palazzo di Diocleziano e alla città antica. Per arrivarvi, attraversiamo delle viuzze anguste, comprese tra la porta nuova e la cinta del palazzo, e sbocchiamo sulla *piazza dei Signori*, piazza principale della città, di proporzioni piuttosto ampie, fiancheggiata da caffè, da botteghe, da monumenti di carattere poco spiccato, o che almeno hanno perduta l'impronta primitiva, sebbene appartengano al periodo veneziano dei secoli decimosesto e decimosettimo.

È il cuore della città, il passeggio, il luogo di ritrovo all'aria libera; non differisce sensibilmente dalle altre piazze delle città della costa; ma non vi resta né una bella loggia italiana, né un palazzo municipale d'architettura veneziana, come a Pola, a Zara o a Sebenico.

All'estremità sud della piazza si apre la porta *g*, l'antica *porta di Ferro* del palazzo.

Prego il lettore attento a tener sott'occhio, nel leggere questa descrizione, la pianta della vecchia città. Questa passeggiata nelle rovine del palazzo di Diocleziano gli riuscirebbe troppo oscura, se la pianta non avesse a portare luce nel racconto e servir di commento al testo. Il disegno di corredo, che rappresenta l'interno della cattedrale,

LA MURAGLIA ESTERNA DEL PALAZZO DI DIOCLEZIANO,
PRESA DALLA RIVA DELLA CITTÀ

corroborà anch'esso la nostra descrizione. È un soggetto di alta importanza, poiché si tratta indubbiamente d'uno degli avanzi più imponenti lasciatici dall'antichità.

Parrebbe che, come dall'alto del ponte della nave abbiamo veduta la muraglia, facciata principale del palazzo sul mare, così dal fondo della piazza avessimo del pari a riconoscere la cinta *c b*, facciata laterale, munita un tempo, a destra e a sinistra della *porta di Ferro*, di

due torri di difesa ottagone; nel fatto per altro, ci vuole un occhio prevenuto per riconoscere queste disposizioni, tanto la città si è fusa nel monumento, e, come un'edera parassita o come que' vischi enormi che si slanciano sulle quercie, facendone scomparire il tronco e i rami principali sotto il loro verde fogliame, le case hanno invaso il palazzo, nascondendone la struttura.

Passiamo la cinta sotto un arco di alte proporzioni, ricco di decorazione, e che dà l'idea d'un ordine superbo, e pieno di nobiltà; lì metteva capo il portico parallelo al mare, andando dalla *porta di Ferro* alla *porta di Bronzo* (presentemente *chiesa della Buona Morte*). Del portico resta soltanto la traccia nell'interno delle case che vi sono addossate, invadendo il passaggio al punto da formare una via non meno angusta delle calli di Venezia. Il tracciato per altro non è mutato; l'asse è conservato, essendo conservato quello della porta, e la viuzza, partendo dal punto primitivo, riesce ancora allo sbocco antico, la *porta di Bronzo*. Le case sono alte, i passaggi strettissimi: il sole non può mai penetrarvi; par di vedere come un pozzo, nelle cui pareti fossero aperte delle finestre a balcone; delle piante malaticce scendono in ghirlanda, e dondolano sul capo del passeggiero, implorando un raggio di luce e di sole.

Seguiamo la nostra via: arriviamo alla *piazza del Duomo*, il *foro* del palazzo, la piazza d'onore, dove si apriva il portico del gran peristilio, quello del *Tempio* e quello del *Mausoleo*.

Lì s'intersecavano ad angolo retto le due vie di comunicazione, fiancheggiate da due colonnati. Questa parte nobile, la più importante dell'edificio, ci fu per buona ventura conservata: alla città, che gli abitanti di Salona fondavano nel palazzo, occorreva una piazza pubblica e un tempio; e tutt'e due si trovano nel cuore della città improvvisata; al culto degli idoli sostituirono il culto del Dio dei cristiani; del tempio antico fecero una chiesa cattedrale, e, limitandosi a chiuder gli archi del portico nella piazza in cui sorgeva il Mausoleo, costruirono il palazzo del loro primo arcivescovo, dandogli, come dicemmo, per facciata la stessa facciata del portico della piaz-

VEDUTA DELLA PIAZZA DEL DUOMO DI SPALATO CON LA CATTEDRALE
E IL CAMPANILE; PERISTILIO ANTICO DEL PALAZZO DI DIOCLEZIANO

za: il che spiega come il piccolo monumento designato sotto il nome di Mausoleo, divenuto dappoi il *Battistero*, separato dalla chiesa, secondo i riti dei cristiani d'allora, si trovi oggi incassato in un'angusta viuzza, in cui manca lo spazio per ammirarne la facciata.

Entrati nella piazza del Duomo ci troviamo dirimpetto la loggia o frontone del peristilio, portato da quattro colonne di granito rosso. Nell'asse principale di questa facciata fu praticato un passaggio sotterraneo, il quale, per mezzo di scalinate, conduce alle gallerie inferiori, che comunicano col mare.

A sinistra abbiamo il portico davanti al tempio, e il tempio stesso. Dinanzi sorge il campanile costruito nel 1416 da Niccolò Tverde, dalmata, a spese di Maria, regina di Napoli, e finito più tardi, grazie alla munificenza d'Elisabetta d'Ungheria.

Dallo stesso lato, all'angolo del porto, precisamente nel punto in cui s'interseca colla via parallela al mare, i Veneziani hanno eretto un corpo di guardia, la cui fronte è formata, o piuttosto dominata dagli archi antichi; a destra, per le condizioni della prospettiva, la facciata corrispondente dovrebbe mostrare, tra gli archi, le finestre del palazzo episcopale, del pari innestato nell'antico portico, col quale fa corpo.

Se ci voltiamo, presentando le spalle alla loggia, e il fianco destro al tempio, si apre una via nell'asse (l'asse antico, conservato per le due comunicazioni); essa segue lo stesso tracciato, quello dell'antico portico del palazzo, ormai scomparso, che conduceva alla *porta d'Oro*. Oggi un farmacista occupa l'angolo di questa via, angusta al par di quella che interseca. E per la quale siamo entrati nella piazza del Duomo.

Capitolo XV

Il Pantheon di Roma e il tempio di Diocleziano a Spalato sono i due più begli esempi d'edifizi antichi rimasti intatti, dove i cristiani hanno sostituito il culto del vero Dio e della Vergine al culto degli idoli.

Fu nell'anno 650 dell'era nostra che Giovanni di Ravenna, inviato dal papa per regolar gli affari della Chiesa, prese possesso della sede arciepiscopale di Spalato; fin allora l'arcivescovato aveva riseduto a Salona. Poco tempo dopo, il corpo di san Doimo (Domnius), trasportato da Salona, fu deposto nella nuova cattedrale, consacrata sotto l'invocazione di questo santo, primo vescovo inviato in Dalmazia da San Pietro, e messo a morte nella stessa Salona, sotto il regno di Trajano (107).

Quali modificazioni introdussero i cristiani nell'esterno e nell'interno dell'edificio antico?

È necessario guardare ancora la pianta della città antica, per seguire la descrizione. Il tempio, di forma ottagona, sorgeva, in origine, in un cortile, chiuso verso la gran piazza da un portico di sei colonne, ancora esistenti, e da muri laterali, di cui pure sussiste l'ala destra, precisamente nel punto della pianta dove è scritta la parola *tempio*.

Passato il portico di cinta esterna, si accedeva a un altro portico di quattro colonne, parte avanzata dell'edifizio, e rilevata da un certo numero di scalini. Girando la pianta ottagona, correva tutt'intorno all'edifizio un novo portico di ventiquattro colonne, alcune di granito orientale, altre di marmo, collegate da soffitti riccamente scolpiti. Tutte le colonne erano sormontate da statue, oggi disperse. Il portico davanti fu soppresso, e sostituito da un corpo di muro massiccio, che sostiene il campanile, nella cui costruzione furono impiegate le colonne antiche della stessa base, e un grandissimo numero d'altre colonne di minor dimensione, estratte dalle rovine di Salona.

Il *periptero* esiste, incassato col suo portico, turato in alcuni punti, e distrutto soltanto nella parte dietro l'altar maggiore, dove mancano le colonne corrispondenti a quelle dell'entrata. Non si può più girare che dal lato destro; tra il portico e lo stesso tempio e nei muri, tra le colonne che formano lì una specie di necropoli, furono incastrate molte tombe antiche, molte lapidi sepolcrali, e innalzati de' mausolei di personaggi storici. Chi, prima di passar la soglia, levi la testa verso la corona della porta del tempio, si accorge che una decorazione molto frondosa, splendidissima, sebbene di gusto poco raffinato, ha dovuto essere mutilata dai Barbari. Ma questi Barbari, non sono né gli Unni, né i Vandali, né Alarico, né Totila, né Genserico. Nel 1241, Margherita, figlia di Bela IV, re d'Ungheria, moriva nella fortezza di Clissa dove il padre aveva dovuto rifugiarsi, per sfuggire ai Tartari; pochi giorni dopo, soccombeva anche la sorella Caterina: Spalato ne raccolse le spoglie, e l'urna sepolcrale, secondo un'usanza famigliare ai cristiani di quel tempo, fu collocata al disopra della porta del Duomo, come una chiave d'arco, nella parte riccamente ornata. Nel maggio del 1818 il monumento scomparve; la pietra mostra la nicchia vuota, e il viaggiatore si domanda chi ha profanato questa tomba.

L'interno del tempio è di aspetto imponentissimo. La religione cristiana, prendendo possesso del tempio pagano, non ne ha menomato la grandiosità; la pianta esterna è ottagona, ma nell'interno è ridotta alla forma circolare, e, come in un Pantheon antico, ci troviamo in un'arena vuota di tredici metri di diametro e di ventun metri d'altezza, coperta da una cupola, i cui muri posano sulle fondamenta, e montano senza interruzione dal suolo fino alla sommità della volta. Tutt'intorno corre un sistema di otto colonne d'ordine corintio, d'un solo pezzo di granito orientale, alto sette metri, sormontate da un cornicione ricchissimo, di proporzione enorme, ornato a profusione di fregi, di gocciole, d'architravi, di modanature sovrapposte, che accusano il gusto della decadenza dell'arte antica e l'influenza del Basso Impero. Il cornicione, a sua volta, sostiene un altro ordine di colonne più piccole, senza base (tre metri e mezzo d'altezza, compreso il capitello), di cui quattro d'un solo

STATO ATTUALE DEL PORTICO DEL TEMPIO DEL PALAZZO
DI DIOCLEZIANO TRASFORMATO IN CATTEDRALE

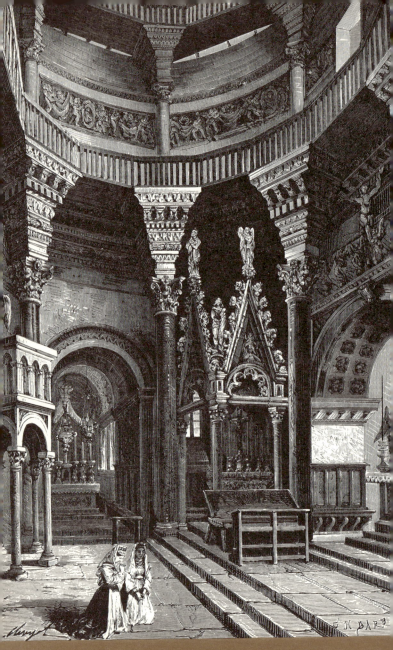

INTERNO DEL TEMPIO DEL PALAZZO DI DIOCLEZIANO

pezzo di porfido, e le altre quattro di granito. Esse portano un altro cornicione non interrotto, sul quale riposa la volta, fatta di mattoni; a un terzo dell'altezza, questa volta è ornata d'archi pieni, pur di laterizi, che si accavalciano e formano un campo fino alla parte superiore. Si riconosce l'esistenza delle lettere S. P. Q. R. (Senatus - Populus - Quirites - Roma), figurate sul campo di mattoni.

È semplice e grandioso; la sola parte ornata con ricercatezza è un fregio, la cui altezza è determinata da quella de' capitelli del second'ordine, fregio che gira tutt'intorno al monumento, porgendo una successione di medaglioni in bassorilievo, rappresentanti dei carri, delle cacce, delle corse, dei cervi feriti, degli amorini che circondano di ghirlande alcuni medaglioni di Diana, domano de' cavalli alla corsa, o giuocano con leoni e arieti. Sebbene gli abitanti di Salona, consacrandolo al culto, vi abbiano praticato alcune nuove aperture, il tempio è oscuro; in origine riceveva luce soltanto dalla porta d'ingresso, sormontata a questo scopo da una specie di lunetta; ma il mistero che imprime all'edificio la penombra in cui il viaggiatore si trova immerso nell'entrare, aumenta l'effetto architettonico.

Non vogliamo entrar qui nel merito della discussione sorta tra gli archeologi per determinare a chi fosse dedicato il tempio: Diocleziano era sopranominato Giove, e la tradizione vuole che l'edificio sacro da lui eretto nella stessa cinta del palazzo, fosse consacrato a questo dio. Fu per molto tempo asserito che la statua del nume, la quale elevavasi sull'altar principale, dirimpetto alla porta d'ingresso, fosse stata trasportata a Venezia, e facesse parte del museo della famiglia Cappello; ma d'altra parte, i soli attributi che figurino nella decorazione sono quelli di Diana: i carri, le corse, le cacce, gli amorini che cingono di ghirlande un busto di donna, paiono in fatti emblemi della dea.

Un documento preziosissimo per la storia, la *Tavola di Peutinger*, indica vicino a Spalato un tempio di Diana; è l'opinione di Lavallée, di Cassas, dell'archeologo Visconti, alla quale si associa anche il Lanza. Il prof.

Glavinich, successore del Lanza e attuale direttore del museo di Spalato, al quale dobbiamo molta riconoscenza per la gentile accoglienza e le dotte conversazioni, ha emessa davanti a noi, al cospetto di queste nobili rovine, un'opinione nuova: il tempio, a quanto egli crede, non sarebbe altro che la tomba di Diocleziano, il quale l'avrebbe sontuosamente edificata colle proprie mani, preparando lentamente la sua ultima dimora, e compiacendosi nell'idea della morte con quella grandezza di carattere che gli aveva fatto abdicare all'impero nel momento stesso del suo trionfo.

Esiste inoltre, al disotto del tempio, una cripta, la quale gira sotto tutto l'edifizio, ed è benissimo conservata; è difficile congetturare a qual uso fosse riservata.

Coloro che consacrarono il tempio al culto cattolico, cominciarono dall'aprire una finestra nella parte superiore, corrispondente all'asse verticale. Per collocare l'altar maggiore, approfittarono della *cella*, dirimpetto alla porta d'ingresso, ove doveva elevarsi la statua del dio, e sfondando la parte che corrisponde all'estremità dell'asse orizzontale, praticarono una cappella laterale in un piccolo fabbricato annesso, che fa corpo col tempio. Il pulpito, superbo monumento del secolo decimoquarto, trovò posto a sinistra della porta d'ingresso. E nelle nicchie, incavate nella parete tra le colonne, collocarono altri altari. Il suolo del tempio è rimasto immutato; ma a cominciare dalla croce indicata nella nostra pianta, fu sovrapposto un pavimento di legno, che rialza il suolo d'un gradino: lì trovansi i banchi de' fabbricieri; lo spazio a destra e a sinistra dell'altar maggiore forma il coro; sul davanti e negli angoli sorgono due bei monumenti gotici di legno intagliato, che proteggono i due altari, singolarmente collocati nelle due nicchie del muro circolare. Lasciando da parte gli oggetti decorativi che hanno carattere di mobili, l'ornato della chiesa è costituito dalla decorazione antica, che fa corpo col monumento.

In non so in qual tempo, sulla parte posteriore dei due cornicioni sporgentissimi, come ne' periodi di decadenza, fu congegnato un palco di legno e un ballatoio poligonale, che permettono di girare tutt'intorno all'edificio e ai due piani. Colpisce il contrasto tra il lusso spiegato dagli artisti italiani, lusso vivido, brillante, splendido, sensuale, per così dire, e la fredda nobiltà della pietra antica consacrata al culto d'un dio pagano.

Il tempo ha annerito i marmi e estinti i riflessi de' porfidi; una sola finestra, come appare dal disegno dell'interno del tempio, lasciando penetrare un gran raggio di sole in certe parti, lascia avvolte le altre in un'ombra opaca, nella quale si discernono a stento i ricami della pietra. I pesanti cornicioni proiettano grandi ombre, sulle quali spiccano qua e là i profili d'oro degli angeli de' baldacchini; nei tabernacoli scintillano le lampade che ardono davanti alla statua della Madonna; dei lacunari ornati, dei grandi Cristi alla Cimabue, de' legni intagliati e dorati, in alto rilievo, alla Brustolone, delle lampade d'argento imbrunite dal tempo e in cui tremola la fiamma, degli smalti ai davanti degli altari, percossi da un riflesso, presentano punti luminosi: la chiesa sembra deserta; solo qualche vecchia rannicchiata nell'ombra turba con una orazione monotona il silenzio del sacro luogo.

In tre riprese diverse abbiamo passato in questo tempio delle lunghe ore, seduti nella nicchia a destra della porta d'ingresso, per eseguire i disegni che servono d'illustrazione a questo racconto; benché ci mettessimo al lavoro nelle ore migliori del giorno, il buio era tale, che il sagrestano dovette accendere due ceri al chiarore de' quali tracciavamo gli schizzi. Migliaia d'insetti, falene, persino uccelli notturni, scendevano dalle volte, per venir a ronzarci intorno alle orecchie, e a bruciar le ali alla fiamma; l'umidità ci cadeva sulle spalle, come un freddo manto. Talvolta credevamo il tempio deserto, ma a poco a poco un gran sospiro, un rammaricchio bizzarro, lamento o slancio della fede, ci faceva alzar la testa, e discernevamo nelle tenebre una vecchia prosternata colla faccia contra terra, ovvero un vecchio tremante, pieno di tristezza e di miseria, e come oppresso sotto il peso della vita, si piantava davanti a noi, guardandoci con occhio fisso senza capire i nostri sortilegi, e finiva sempre collo stender la mano, mormorando delle parole slave. Di queste lunghe stazioni nella chiesa ho conservato un cocente ricordo; in tutto il soggiorno a Spalato ebbi le mani come tumefatte dalle migliaia di punture d'insetti, zanzare, o *papataci* enormi chiamati dal chiaror delle torce; e le lozioni usuali furono impotenti a guarirci di queste morsicature veramente crudeli.

Capitolo XVI

Il lettore non si maraviglierà di veder l'archeologia e la storia pigliare un posto così considerevole in un racconto di viaggio; nella memoria di Diocleziano e nella traccia della sua dimora a Spalato sta infatti la vera importanza della città.

Usciamo dal gran tempio, attraversiamo la piazza, e prendiamo l'angusta viuzza che, seguendo il breve asse di questo *foro*, mena al tempio d'Esculapio. Esso occupava un tempo la parte nord del *Temenos* o portico corrispondente, nella pianta generale dell'edificio, a quello dove sorgeva il gran tempio or ora descritto. Nella nostra pianta complessiva porta la leggenda *Mausoleo*, giacché gli archeologi paiono lasciargli definitivamente un tal nome, e riconoscere in questo piccolo monumento non altro che la tomba di Diocleziano. Questa designazione non ha per altro nulla di formale, e dobbiamo accettarla soltanto come un'ipotesi che incontrò l'approvazione di parecchi risoluti sostenitori.

Una stretta viuzza, seguendo il muro laterale del palazzo arcivescovile, conduce oggi a questo monumento; a destra, la traccia d'un muro antico, tuttora esistente, indica il perimetro del *Temenos*, o recinto sacro. Il tempio presenta la forma d'un parallelogrammo, e, misurato dall'esterno, ha otto metri di larghezza, su undici e mezzo di lunghezza. È piuttosto ben conservato, salvo per altro le quattro colonne del portico tetrastilo, che sorgeva davanti, e al quale accedevasi salendo quattordici gradini, di cui sussistono le tracce; il frontone manca interamente.

L'interno, la *Cella*, era illuminato soltanto dalla porta d'ingresso; i muri sono nudi, ma su tre lati gira una cornice, e viene a raggiungere la facciata interna principale, senza continuare il circuito; cornice di somma ricchezza, che sostiene una volta a cassettoni, benissimo conservata, e bell'esempio di volta antica. I bassirilievi del fregio rappresentano amorini, pampini, vasi di sacrifici, leoni e leopardi, attributi che destano piuttosto l'idea del dio del vino che del dio della medicina. La costruzione è perfetta, l'opera è semplice, e insieme elegante e nobile; Adams, che ne ha tentata una ricostruzione, e Cassas dopo di lui stimano questo tempietto, nelle sue piccole proporzioni, come uno de' più bei monumenti antichi che esistano in Europa.

Prima di penetrare nel tempio, il viaggiatore si ferma alla porta, per esaminare un sarcofago antico, posto sul davanti, ricco di scolture aventi un carattere di decadenza, e appartenente senza dubbio alla stessa età del tempio. Tra varie allegorie, vi è chiaramente rappresentato il combattimento di Meleagro e del cignale. Il sarcofago viene probabilmente da Salona, ma fu per lungo tempo supposto, dietro l'opinione del professor Francesco Lanza, che raffigurasse l'azione eroica compita da Diocleziano, il quale, semplice generale, uccideva di sua mano, al cospetto di tutto l'esercito, Ario Apro (*Arius Aper*), l'assassino di Numeriano. Secondo la tradizione, una profezia d'una druidessa aveva promesso a Diocleziano l'impero, quando avesse ucciso un cignale (*aper*); Lanza vide lì un'allusione plausibile, anzi perentoria, e ne concluse che il sarcofago fosse il sepolcro di Diocleziano: un'altra circostanza si aggiungeva a corroborare la sua ipotesi: l'architetto Wandrich e il disegnatore Doimo Mascocchia scoprirono, poco tempo dopo, una corona imperiale, scolpita nel timpano della facciata posteriore del tempio.

Nonostanze queste apparenze, la tesi del Lanza non è considerata come ammissibile, e resta aperto il campo delle congetture. Checché ne sia della destinazione primitiva, la quale non rimarrebbe dubbia se esistesse ancora il frontone, – giacché doveva portare un'iscrizione votiva, come quella del tempietto d'Augusto a Pola e della maggior parte de' templi di queste dimensioni, – l'edificio fu convertito in un battistero e tale destinazione ha giovato a preservarlo, giacché senza di ciò la dimensione ristretta, la costruzione del palazzo arcivescovile, e l'apertura della via che corre lungo la sua facciata, ne avrebbero certamente portata la distruzione.

Tali sono le parti importanti che rimangono di questo augusto palazzo. Possiamo ancora visitare il *Vestibolo* circolare, stupenda costruzione, che ricorda le vaste terme di Diocleziano. Il tempo ne ha distrutte le volte, ma le linee generali presentano la grandiosa maestà delle cose antiche. Se vogliamo attraversare i sotterranei, possiamo ripigliar la riva, e uscire proprio sul golfo dalla *porta di Mare*. Se invece, attraversando la *piazza del Duomo*, seguiamo l'asse del palazzo, verticale alla spiaggia, usciremo sulla campagna dalla *porta Aurea*.

Gettando l'occhio sulla nostra pianta della città, il lettore sarà al par di me maravigliato della scarsità di vestigia antiche nella parte opposta al golfo: appena rimane, verso il muro di cinta, l'indicazione di tre archi corrispondenti a quelli del portico della cinta interna, e, proprio nella continuazione dell'asse verticale si trova come riscontro naturale alla *porta del Mare*, questa *porta Aurea* o *porta Dorata*, che esce sulla campagna. Oltre al Duomo, vi sono tre chiese nella cinta, e chi, come noi, voglia seguire attentamente le vestigia sulle quali gli archeologi hanno basata la loro ricostruzione, deve penetrare nei cortili, nelle case, e fin nelle stanze occupate dagli abitanti.

Il professor Glavinich, colla pianta di Lanza e quella di Adams alla mano, ebbe la gentilezza di accompagnarmi in quest'escursione geologica, che fu per me di altissimo interesse. Qui, a un piano elevato, dietro un letto, in una scala, perfino in un armadio, appare talvolta d'improvviso un capitello corintio; più innanzi, a fior di terra o in una stanza, spunta fuori una colonna incassata. In un punto vedete un bassorilievo, in un altro un muro antico, in un altro ancora un corridoio, formato con dei ruderi, e questi avanzi (dato il rispetto degli assi degli architetti antichi) presentano un interesse considerevole, indicando con certezza il posto di un portico o d'una comunicazione.

Il governo austriaco, da oltre quarant'anni, dimostra gran sollecitudine per la conservazione degli avanzi d'antichità, e ha dato ordini assoluti perché ciò che rimane sia rispettato. Nessuno può operare un cambiamento senza avvertirne l'autorità, ma ci vorrebbe una legge formale per poter procedere all'espropriazione in nome degli interessi dell'arte, considerati dappertutto come interessi pubblici.

Partendo dalla piazza del Duomo, arriviamo direttamente alla *porta Aurea*; un nostro disegno ne rappresenta l'aspetto interno nello stato attuale. È ora sepolta di parecchi metri, e per ritornare sul suolo della strada bisogna salire un'erta. È certamente un'entrata di bell'apparenza; le nicchie di cui si vedono le tracce nel nostro disegno, erano ornate di statue. Vuolsi che il procurator Diedo le abbia fatte trasportare a Venezia.

Quando i Veneziani governavano senza sindacato a Spalato, rinfiancarono la porta Aurea con due torri di difesa ottagone, a destra e a sinistra; si vedono tuttora gli strappi di queste due costruzioni, e esaminando attentamente la parte superiore del disegno, è facile riconoscere che doveva esservi un ricco coronamento, ornato di statue al disopra.

Oggi, mentre disegniamo la porta d'ingresso, una ragazza mostra il grazioso suo visetto alla finestra brutalmente aperta nel muro, per dar luce ad una casa addossatavi, e questo particolare indica in qual modo i fuggitivi si siano formati de' rifugi, nella splendida ossatura del palazzo.

La parte antica della città non è la sola degna d'interesse. Chi guardi la veduta generale, presa dal golfo, distingue a sinistra delle mura di cinta del palazzo una torre ottagona, che sorge quasi alla riva del mare, ed è anch'essa un monumento meritevole d'attenzione. La piazza dove si trova questa torre, che data dalla dominazione ungherese, e si chiama *torre di Harvoje*, serve ora di mercato; è molto pittoresca, e, per il carattere architettonico, segna una transizione fra tre periodi: l'antico, l'ungherese, il veneziano.

Ho indicato i diversi cambiamenti subiti dalla città costruita nell'interno del palazzo, ma all'esterno si potrebbe facilmente sceverare, nell'amalgama di costruzioni, di addizioni e d'adattamenti dell'antico ai bisogni de' tre periodi già detti, ciò che spetta a ciascun secolo.

Per esempio, alla *porta Aurea*, le fortificazioni addossate (ora distinte, ma di cui si riconoscono le tracce) sono dovute agli Ungheresi e al principio del secolo decimoquinto, quando Ladislao, re d'Ungheria, aveva per competitore Sigismondo; pure da un generale al servizio dell'Ungheria, bosniaco d'origine, Harvoje, creato duca di Spalato da Ladislao, fu costruita la torre che porta appunto il nome di Harvoje.

I Veneziani ottengono soltanto dopo gli Ungheresi il dominio definitivo; introducono i loro costumi, la loro solita pianta di città, colla piazza de' Signori, le viuzze strette che vi mettono a capo, e altresì il loro sistema di difesa. Nel 1645, chiudono la città con una linea di bastioni e di cortine, ed elevano il castello, che sorgeva precisamente nel punto dove trovavasi ancora la torre di Harvoje; poi completano questo sistema di difesa: a mille duecento piedi al disopra delle mura, su un'altura che domina il golfo, erigono in seguito il forte Grippi.

Schulenburg, il valoroso difensore di Corfù, che morì nel 1755, e comandava per i Veneziani, aveva dichiarate le opere di Spalato non difendibili, a causa dei progressi dell'artiglieria. Allora il governo autorizzò gli Spalatini a edificare sulla riva del mare e addossarsi così al castello come alle mura antiche. Infine, nel 1807 e nel 1809, Marmont, che voleva dotare Spalato d'una bella riva sul golfo, fece demolire le vecchie mura del castello veneziano, e Spalato, città nuova, divenne allora una città aperta. Marmont aveva pure cominciato a tracciare un giardino pubblico, proprio nel luogo dove si esce dalla porta Aurea: ma non ha avuto il tempo di compir l'opera.

Il clima di Spalato è sano, le vicinanze fertili, il caldo moderato e l'inverno dolce; con tutto ciò, salvo l'interesse che il palazzo ispira a chi studia e investiga l'età delle vecchie pietre, la città non ha nulla di seducente, e forse lo stesso progresso che viene effettuando, gli sforzi per diventare una città moderna, contribuiscono a toglierle quel non so che di piccante che si chiama il carattere, e che ci attraeva nelle altre città della Dalmazia, dove ci bastava la via, perché era uno spettacolo sempre nuovo e pieno d'interesse.

Da qui a vent'anni vi sarà certamente a Spalato una terza nuova città, tutta moderna, tutta regolare, ma fredda e senza fisonomia; già al nord appare la nuova piazza, che si sostituirà a quella de' *Signori*; ma la vecchia città, compresa nel palazzo di Diocleziano, non potrà mai partecipare a questo movimento di progresso, e il viaggiatore non ha nulla a temere dalla civiltà, giacché per cambiar le disposizioni della città vecchia bisognerebbe demolire il palazzo, o almeno ciò che ne rimane, e invece gli sforzi dell'amministrazione mirano a rispettar queste rovine.

Il mio soggiorno a Spalato, che fu discretamente lungo, non mancandomi oggetti di studio, non mi ha lasciata un'impressione così gradita come le altre città del litorale. È una città triste, senza vita sociale, senza svaghi o divertimenti. Lo Spalatino vive concentrato, in casa sua, e non riceve a conversazione; gli abitanti hanno tra loro scarsi contatti, e solo per visita; la passeggiata in piazza, questa ricreazione quotidiana d'ogni abitante de' porti dell'Adriatico, non ha tampoco il lato vivo e grazioso di quelle delle altre città dove avete l'illusione della vita italiana o spagnuola, sotto un cielo e con una decorazione che non protestano.

Quando m'è avvenuto, a bordo d'una nave dell'Adriatico, di citar il nome di Spalato davanti a dei Dalmati, ho sempre notato un'espressione d'orgoglio sul viso de' miei interlocutori. Spalato infatti è riguardata come il gioiello della provincia. Senza dubbio il commercio vi è comparativamente molto sviluppato; nel porto avvi un certo movimento, e in tutta la città si mostra un'operosità, un'attività di produzione, le quali esistono soltanto lì.

Tra gli altri progressi, Spalato ha una *Società Enologica*, presieduta dal francese Aristide Vigneau.

Preparati con metodi perfezionati, i vini della Dalmazia sono capaci di migliorare al punto da costituire per il paese un'industria fecondissima. Finora dovevansi consumare sul luogo, e non si potevano esportare. Il signor Vigneau li tratta con processi usati nel Bordelese, e li ha assai migliorati.

La Dalmazia è ricchissima di vini: se ne contano di molte sorta, tra le quali il *prosecco*, termine generale per designare i vini dolci; il *vugava*, vino bianco dell'isola di Brazza, alquanto simile al frontignano; la *malvasia*, vino bianco, secco, di profumo aromatico; il vino di *rosa*, che spande un odore penetrante, e si distingue per un gusto zuccherino, come il moscato; si produce sopratutto a Alamssa; lo *spiaggia*, che si fa a Lesina, ed è risguardato come uno de' migliori del paese; il *marzemino*, preparato con uve raccolte ne' dintorni di Cattaro. Avvi inoltre il *tartaro*, il *maraschino* di Sebenico, ecc. ecc. Dappertutto in queste regioni il viaggiatore trova dei vini nazionali di gusto gradevole; e se la vita è penosa nell'interno, si ha almeno il compenso d'un pane eccellente e d'un vino bevibile.

Ero a Spalato ne' primi giorni di novembre, e il caldo era soffocante; un sole ardente mi costringeva a restar in casa una parte del giorno, o a cercar rifugio nel tempio, dove disegnavo. Alla sera, la brezza di mare cadeva come una fitta nebbia, e inumidiva gli abiti al punto da riuscir davvero incomoda; anche gli Spalatini mi parve che la temessero molto, giacché le vie erano affatto deserte e tetre; ora, siccome non c'è un teatro, né luogo di ritrovo in cui si faccia un po' di musica, e la piazza è vuota, i caffè tristi e mal forniti di giornali, le sere riuscivano malinconiche. Dopo una giornata consacrata a un lavoro assiduo, non avevo altro ristoro che di trovarmi al cospetto di me stesso.

Spalato possiede un piccolo museo interessantissimo, e destinato ad assumere grande importanza, poiché contiene delle iscrizioni capitali per la storia. Ma, come a Napoli, al Museo nazionale, bisogna riportarsi a Pompei e a Ercolano, per figurarsi, proprio nel luogo della loro origine, l'effetto prodotto dagli oggetti d'arte o dalle vestigia d'architettura esposte nelle sale, così nel visitare il museo di Spalato il pensiero corre a Salona.

Questo museo è oggi sotto la direzione del professore Glavinich; contiene statue, sarcofagi, stele, monete antiche, pietre incise, gioielli, oggetti minuti trovati negli scavi. Tutto il suo pregio sta nell'essere un museo locale, e nell'avere tale o tal documento, trovato nella regione, che getta luce sulla storia nazionale.

Spalato fu in ogni tempo un centro di coltura. Sede arcivescovile, la città vide succedersi nella dignità di arcivescovi gli uomini più eminenti. Il celebre Marc'Antonio De Dominis, precursore di Newton e di Cartesio, fu arcivescovo di Spalato, e lasciò gran memoria di sé; viveva verso il 1590. Dopo esser stato professore di filosofia all'Università di Padova, Clemente VIII lo designò come arcivescovo di Segna, e nel 1602 fu chiamato a Spalato. Filosofo, matematico, fisico d'ingegno, era inoltre uomo di gran carattere e di alta energia; tenne testa agli Uscocchi, e non badò a sacrifici per lenire i mali di Spalato in occasione della terribile peste del 1607. La vita di questo prelato è singolarissima. Costretto ad abbandonare la patria e la nazionalità, in seguito a una controversia colla Corte di Roma, si ritira a Venezia, donde lancia degli scritti condannati dall'Inquisizione. Sir Enrico Wotton, allora ambasciatore dell'Inghilterra a Venezia, invita De Dominis ad accompagnarlo, e l'ex-arcivescovo di Spalato, abiurando la religione, scrive libelli contro la Santa Sede: *Lo scoglio del naufragio cristiano* e *Della repubblica ecclesiastica*.

Giunto in Inghilterra, Dominis trova un protettore nel sovrano, e, bizzarro destino! questo arcivescovo cattolico diventa ben presto decano della chiesa protestante di Windsor. Salito al pontificato Gregorio XV, che conosceva personalmente, e amava e ammirava l'ingegno di Dominis, pensa ch'egli sia esaltato e esasperato dalla persecuzione; manda da lui l'ambasciatore di Spagna, e questi si reca a dovere di ricondurre alla Corte di Roma una mente così elevata. Dominis ritorna di fatti, e si getta ai piedi del santo padre, abiurando l'errore. Ma morto Papa Gregorio, il sacro collegio non usa uguale mansuetudine. L'Inquisizione accusa il Dominis d'apostasia, e d'essere in corrispondenza cogli eretici, e nel 1624, due anni dopo ritornato a Roma, è chiuso nel forte Sant'Angelo, dove muore, dicesi, di veleno. Il suo corpo è pubblicamente abbruciato nel *Campo dei Fiori*, e il Sant'Uffizio fa porre sul rogo un esemplare dei libelli menzionati.

Ai nostri giorni, Spalato ha avuto uomini distintissimi. Se non tutti ebbero i natali nella città, vi hanno vissuto e lasciate delle tracce, e non si potrebbero passar sotto silenzio i nomi dell'abate Francesco Carrara e dell'archeologo Francesco Lanza.

CONTADINA DEI DINTORNI DI SPALATO

Capitolo XVII

Dopo aver visitata la città di Spalato nata dall'invasione dei Barbari, i quali distruggendo Salona, forzarono i Salonesi a cercar asilo in quell'immenso palazzo di Diocleziano, che divenne una città; tenteremo anche di ritrovare la distrutta Salona. Abbiamo esplorata questa parte della Dalmazia nel momento in cui avendo il Parlamento austriaco votato degli assegni per ricerche archeologiche da operare nella regione, il professor Glavinich, direttore del museo di Spalato, aveva cominciato gli scavi. Il professore ci invitò gentilmente a visitare il suo campo d'esplorazione: all'attrattiva del viaggio si aggiungeranno dunque l'interesse dell'archeologia e quello della storia.

Il luogo dove sorgeva la città è a un'ora da Spalato; il viaggiatore vi giunge per una buona strada che mena nell'interno della provincia, e trova per via i condotti d'acqua che provvedevano il palazzo di Diocleziano. Il solo borgo ch'egli attraversa si chiama anzi *Pozzo Buono*. Deve poi lasciare a destra un edifizio quadrato, chiuso da alte muraglie di fiero aspetto, occupato dagli abitanti del luogo e designato sotto il nome di *Zecca* di Diocleziano. È uno di quegli errori che si propagano per una fallace tradizione; si deve piuttosto vedervi una residenza episcopale del decimosesto secolo. Essa fu occupata da un vescovo per nome Gubbio, il quale rappresentò una parte nella storia della città.

La baia ove si stendeva Salona presenta tuttora un prospetto delizioso. La città sedeva sulla riva nord del Giadro, che si getta nel golfo di Spalato; il fiume esce bell'è formato dalle fenditure d'una rupe, e il suo corso non misura più di mezza lega. Produce delle trote celebri; Diocleziano che, secondo la tradizione, vantava già le lattughe di Salona, ha celebrato anche queste trote ch'egli preferiva all'impero. Il paese diventa ameno all'uscire da Spalato; per la prima volta troviamo dei pioppi; la pianura è verde e ridente; dappertutto crescono la vite e l'olivo, carico di frutti. Davanti a ogni porta è stabilito il torchio, fatto di una macina in costa. La pianura finisce alla spiaggia, ma una lingua di terra si avanza nel mare e porta una cittaduzza che si riflette nell'acqua come una *marina* staccata da una città più grande: è Branizza, la *piccola Venezia*, che pare un'isola, tanto è bassa la striscia di terra che la rannoda alla pianura.

La strada che conduce al luogo dove fu Salona, attraversa il fiume nello stesso luogo ove al tempo de' Romani sorgeva il ponte Antico. Se vi fermate a guardare

BRANIZZA: LA PICCOLA VENEZIA

per curiosità, sotto vari ristauri successivi riconoscete l'arco primitivo, contemporaneo d'Ottavio. Il viaggiatore che calpestasse questa terra storica senza esserne avvertito, non riconoscerebbe tampoco l'area di Salona. Qua e là, è vero, rimangono alcuni frammenti di muri, ma si confondono colle prominenze del suolo, e, salvo alcuni archi d'un acquedotto fuori di portata della vista, nulla denunzia, a prima aspetto, una vetusta città, e una delle più grandi della provincia. Come a Pompei, come a Ercolano, il suolo della città fu ricoperto da invasioni

successive; ma qui i monumenti non furono sepolti dalla cenere d'un vulcano; tutto fu distrutto dalla violenza e dagli incendi ripetuti de' Barbari; il tempo, dappoi, ha fatta l'opera sua: la vegetazione, lentamente, ha invaso tutto; dei grandi fichi, dei mandorli piantarono le radici in queste terre trasportate; il contadino ha costruita la capanna sull'area de' palazzi de' suoi antenati, e la città giace in rovina, quasi rasa all'altezza del piano, sotto questo strato che l'ha invasa. Il villaggio qui formatosi porta anch'esso il bel nome di Salona, e ne perpetua il ricordo; ma occupa soltanto una piccolissima parte dell'antica città, l'angolo della parte sud-est. Tuttavia, se nulla colpisce gli occhi, basta sfiorare il suolo per riconoscere che qui fu Salona. Ora è un'iscrizione trovata sotto il ferro dell'aratro, e portata in città da un fanciullo dalmata, nella speranza d'una ricompensa; ora è un capitello che s'incastra in una muraglia, un condotto antico che si mostra a livello del suolo, un architrave riccamente lavorato, che si frammette alla pietra volgare nella costruzione d'un muro; e a due passi di là, a Spalato, gli dei e le dee, le tombe e le statue, le memorie antiche d'ogni natura, disseppellite già da tempo, porgono testimonianze evidenti dell'esistenza della città, anche ora, se non si fosse trovata completamente scavando il suolo. Gli stessi poeti, Lucano pel primo, dicono dove sorgeva l'antica Salona:

> Qua maris Adriaci longas ferit unda Salonas
> Et tepidum in molles Zephiros excurrit Jader.

Qual fu l'origine di questa città, sulla quale tanto si accanirono i Barbari, da darla per tre volte alle fiamme dopo ch'era stata ricostruita? Prima di Giulio Cesare tutto è tenebre. Dopo la distruzione di Delminio, essa diventa la capitale della Dalmazia, e Cecilio Metello se ne impadronisce per la prima volta; una seconda volta apre le porte a Gneo Cosconio, e, nella guerra civile fra Pompeo e Cesare, Ottavio l'assalta due volte senza nessun successo. Salona alla fine abbraccia il partito di Bruto e Cassio; C. Asinio Pollione l'assedia, se ne impadronisce ed essa cade in possesso d'Ottaviano. Alla seconda presa, diventa colonia romana, e in ragione della sua importanza riceve il titolo di *Colonia Martia*, di *Julia Salona*, poi di *Colonia Claudia Augusta Pia veteranorum*. Sotto Augusto, essa raggiunge tutto il suo sviluppo; è considerata come il gran baluardo delle conquiste romane su questo punto dell'Adriatico. Alternativamente repubblica, *Conventus, Colonia, Metropolis, Praefectura* e *Praetorium*, secondo l'importanza che assume e la successione delle età, diventa ne' tempi cristiani sede d'un vescovado fondato da san Doimo; sessantun vescovi vi succedono. Sotto gli ultimi imperatori romani era già stata considerevolmente abbellita; ma quando Diocleziano giunse all'impero, si ricordò d'essere dalmata, amava queste regioni, rimpiangeva la patria, e divisava finirvi i suoi giorni: ricostruì dunque interamente la città. Fino alla metà del quinto secolo, cioè quasi cinquant'anni dopo la morte di Diocleziano, subì pochi cambiamenti; ma nel 481, Odoacre, re degli Eruli, invade l'occidente, e nel passare s'impadronisce della città, e la rovina. Nel sesto secolo, Totila passa a sua volta, ed ecco Salona in potere de' Goti. Ai quali l'imperatore Giustiniano la ritoglie nel 535. Torna ad essere ancora una volta romana; i governanti ne riparano le mura guaste dalle brecce, ne aumentano le difese, e, appena rialzata, subisce e respinge due assedi di seguito: quello delle truppe di Vitige, re de' Goti, e quello di Totila, Belisario e Narsete, i grandi guerrieri greci, muovono da Salona nel 544 e nel 552 per scacciare i Barbari d'Italia, e la città gode una certa sicurezza per quasi un secolo; ma gli abitanti, in luogo di esercitarsi ai duri combattimenti e prepararsi alle lotte ardue che li minacciano, vivono nella mollezza e sono travolti ne' disordini del Basso Impero; la loro ultima ora sta per suonare. Gli Avari (639) prendono Clissa, rupe fortificata, che domina Salona; questa a stento sostiene la lotta; è presa, saccheggiata, e data alle fiamme per l'ultima volta; ormai non si rialzerà più dalle rovine. Così dunque, la completa distruzione della città data dal settimo secolo della nostra era, ed è appunto la data da assegnarsi all'emigrazione de' Salonesi, i quali vanno a ricoverare i loro dei lari nella colossale rovina del palazzo di Diocleziano a Spalato. Alcuni di loro li vedremo in seguito a fuggire fino a Ragusa.

Era indispensabile gettare uno sguardo retrospettivo sulla storia, prima di visitare, non le rovine, ma l'area della città. Il professor Glavinich (che ci serviva da guida) aveva steso la pianta della città, quale doveva essere prima della distruzione; un archeologo può fare una simile ricostruzione, benché ci sia gran parte d'incognito; noi ci limiteremo a una passeggiata sull'area dell'antica Salona, segnalando le vestigia antiche che incontreremo sulla nostra strada.

Capitolo XVIII

Gli scavi sono cominciati da diciassette giorni; una quarantina d'operai attendono a rimovere il suolo, e le donne del villaggio di Salona trasportano la terra in panieri sulla testa, come i fellah d'Egitto che scavano il suolo di Ghiseh. In mancanza del direttore, dirige il lavoro il curato cattolico del villaggio. Lo trovo sul luogo; ben presto passa un medico a cavallo, e vedendoci fermati sul terreno d'esplorazione, abbandona la cavalcatura e si unisce a noi. L'archeologo è fortunato: a sette o otto metri al disotto del livello coltivato, ricoperto di una bella terra vegetale bruna, in cui hanno preso radice gli alberi fruttiferi, ha trovata una necropoli intatta nella sua pianta, colla parte circolare formante un tempietto, che serviva a preparare e lavare i corpi. La vasca di pietra, cui gira intorno un cordone scolpito in rilievo, giace sul suolo, le basi delle colonne doriche sono intatte, i loro fusti spezzati all'altezza d'un metro. I sarcofagi sono sparsi qua e là, e piuttosto numerosi, tutti semplicissimi di forma. Siamo in un cimitero de' primi tempi del cristianesimo; la maggior parte portano la croce di forma greca e la data del quarto o quinto secolo della nostra era; ma proviamo una gran delusione, giacché tutti hanno gli angoli mutilati; furono visitati dai barbari, e portano le tracce di siffatta violazione di sepoltura. Quasi tutti sono quindi vuoti o riempiti di terra. Gli abitanti che, convertiti al cristianesimo, vivevano nella Salona pagana per tolleranza delle leggi romane, non potevano pretendere di riposare nella cinta della città: il luogo che calchiamo è dunque un sobborgo di Salona.

È uno spettacolo pittoresco e sempre pieno d'emozione uno scavo condotto da un uomo che conosca bene il terreno sul quale opera; egli fruga quasi a colpo sicuro. La scena si compone abbastanza bene per invogliarci a riprodurla in un disegno. Dopo aver aperto quattordici tombe, tutte violate, contenenti soltanto dei detriti, il ferro della zappa rende un suono secco, che annunzia una rupe o una pietra, e il direttore ordina di procedere con precauzione; mettono a nudo un quindicesimo sarcofago, intatto, il quale conserva i piombi e i sigilli colla data del 437. "Essendo consoli Onorio e Teodosio, il primo per la settima volta, il secondo per la seconda volta..." così suona l'iscrizione. Con vera emozione vediamo gli operai, un ginocchio in terra, introdurre la leva tra il coperchio e il sarcofago: tutti i contadini hanno abbandonato il lavoro e assistono all'opera, aggruppati sui rialti in atteggiamenti variatissimi. E simili a quelle fine figure de' bassorilievi antichi; le Salonesi, col paniere sul capo, seguono cogli occhi il gruppo che occupa il centro. Il coperchio ha ceduto, è intatto, e lo depongono adagio sul suolo; ma le piogge de' giorni scorsi, infiltratesi nella tomba, l'hanno riempita fino all'orlo; lavorano a vuotarla con dei mestoli, e ben presto appaiono uno scheletro e dei cocci di vasi. Nessun tesoro inaspettato; il medico ci espone gravemente le sue congetture sul sesso, l'età,

SALONA: SCAVI FATTI DAL PROFESSORE GLAVINICH
PER RITROVARE LA CITTÀ ANTICA

la costituzione dello scheletro; un professore d'anatomia del liceo di Spalato, che ci accompagna, lo reclama come dono per il gabinetto di studio. Il professor Glavinich copia l'iscrizione, ma la trova oscura, e afferma esserci al mondo due soli uomini capaci di leggere quei caratteri: Mommsen, e Leone Regnier.

Gli scavi intanto proseguono, i braccianti hanno messa allo scoperto tutt'intera la necropoli, e noi passeggiamo sull'arena riconoscendo, dietro le piante conosciute delle altre necropoli antiche, le attribuzioni diverse di ciascuna parte della pianta: qui lavavano i cadaveri prima di metterli nella tomba; là li deponevano davanti all'altare, e gli amici e i parenti venivano a inginocchiarsi. Non siamo per altro sicuri che sotto il suolo stesso del cimitero non esista una cripta sotterranea, giacché in un angolo della necropoli gli operai hanno sfondata una parete a volta e messo a nudo degli archi di costruzione romana, che indicano un'escavazione profonda. Il foro è nero e spalancato, ma è ancora troppo stretto per poter farsi un'idea della natura della scoperta, e scuotendo la volta temono di colmare il suolo sotterraneo. Furono qui sovrapposte delle costruzioni più recenti sopra costruzioni antiche, come è spesso il caso nelle città romane visitate dai barbari, e alternativamente prese e riprese? O è realmente una cripta funeraria? È una ipotesi di cui non avremo la soluzione, giacché, simili al viaggiatore de Schubert, sfioriamo il suolo "nella nostra corsa leggiera", e non ci fermiamo punto; domani saremo più innanzi, nell'interno della provincia, verso l'Erzegovina. Il professor Glavinich è agitatissimo e pieno di speranza.

Al tempo in cui era colonia romana e quando fu distrutta definitivamente dai barbari, la città era difesa da una cinta fortificata: un piccolo tratto delle mura è ancora visibile dal lato dell'est ma verso il fiume non se ne può più seguire la traccia: in compenso è ben conservata la parte nord, e l'angolo sporgente delle torri e dei bastioni è riconoscibile anche da chi non possegga nozioni archeologiche; qualunque sia insomma lo stato attuale, esso presenta un insieme abbastanza completo del sistema di fortificazione delle città romane, e spiega bene l'elogio delle opere difensive di Salona fatto da Cesare nei *Commentarii*. Per altro, ciò che si ritrova, giova notarlo, è la pianta delle costruzioni, piuttosto che le costruzioni effettive. Tale è il caso per gli edifizi pubblici, la curia, la questura, il foro, i varii templi, i teatri e il ginnasio. Dai testi appare che Salona conteneva inoltre una manifattura d'armi, un tesoro, un gineceo, un *baphium*, cioè un grande stabilimento di tintoria. Questi ultimi edifizi appartenevano allo Stato e dipendevano da ufficiali chiamati *procuratores*, sotto il comando de' "conti delle larghezze sacre". Lo stabilimento di tintoria era consacrato all'uso personale dell'imperatore, e una legge gli accordava la facoltà, il privilegio di tingere in color porpora; qualunque infrazione commessa da altri stabilimenti era assimilata a un crimine. C'era altresì un porto di una certa importanza, ma converrebbe fare degli scavi alla costa e sotto l'acqua dell'Adriatico per ritrovarne la traccia.

Il professor Glavinich ci ha mostrato con cura il teatro e l'anfiteatro, i quali sono visibilissimi; sgombrati interamente, potrebbero essere facilmente ristaurati. Del teatro rimangono soltanto la pianta e alcuni zoccoli di colonne, benissimo conservati, e le cui modanature sono di un periodo di tempo abbastanza buono e di stile discretamente puro. L'anfiteatro è molto più completo; rimangono parte del proscenio e tutte le basi solide degli archi che dovevano portare i sostegni dei gradini; questi ultimi sono interamente scomparsi; ma, com'è noto, i gradini sono la parte de' monumenti antichi più facile da utilizzare nelle costruzioni, quella che scompare per la prima. Al cospetto di tutte le tracce di monumenti antichi della città di Salona, siamo dominati da una impressione costante, ed è che l'importanza materiale della città fu esagerata: né il teatro, né l'anfiteatro, né la necropoli, né i templi non rappresentano una città quale ce la descrissero gli storici. Chi vede Pola e Verona, Nimes, Arles e Roma, ha il sentimento vero del numero degli abitanti riferendo la grandezza del contenente al contenuto; qui non è il caso: o il teatro non poteva bastare agli abitanti, o gli abitanti erano meno numerosi di ciò che dissero gli storici.

La fondazione di Salona appartiene a un periodo di decadenza; il mondo romano crolla, il Cristo è venuto, il palazzo di Diocleziano, così splendido nella forma generale, rozzo nei particolari, non presenta la grazia squisita dell'antichità, del bel periodo, ma accusa piuttosto la pompa e l'abbondanza ornamentale dell'Oriente.

Lo studio di cotesti monumenti c'interessa appunto per queste disposizioni architettoniche, che indicano delle trasformazioni e dei periodi, e per le eventuali scoperte, che schiariscono dei punti di storia: così a Spalato la piazza pubblica davanti al tempio presenta il primo esempio d'arco che posi sopra colonne in un portico dell'antichità; fin là l'architrave posava direttamente sui capitelli. Per altro, se gli accessorii non sono raffinati, puri e elevatissimi di gusto, sono sontuosi e ricchi di decorazioni. Nel complesso delle statue, dei bassorilievi, delle pietre scolpite, de' vasi, delle iscrizioni, de' sarcofagi, de' frammenti d'architettura, d'ogni sorta, potete infatti trovare buon numero di pezzi di grande apparenza e che hanno un valore artistico, oltre all'incontestabile

SCAVI DI SALONA. LA CACCIA DI MELEAGRO

valore storico. Abbiamo fatto incidere alcuni sarcofagi che figurano tra i monumenti di maggiore importanza; non tutti provengono da Salona, e regna ancora una certa oscurità sulla loro origine, giacché il dotto Lanza, già direttore del museo nazionale di Zara, così bene informato su tutto quanto concerne la provincia dalmata, non può dire né il tempo preciso della loro scoperta, né il luogo esatto in cui furono incontrati. Ma l'essere stati trovati in tale o tal punto della baia è questione accessoria; possono essere riguardati come salonitani, eseguiti da artisti romani o dalmati; e fanno quasi sempre allusione alla storia locale. Anzi, uno di essi, secondo il Lanza, potrebbe essere il sarcofago dell'imperatore, giacché rappresenta, scolpita sulle quattro facce, la caccia di Meleagro, il cignale di Calidonia cantato da Omero. Forse è un'allusione al fatto d'armi di Diocleziano che uccide di sua mano, al cospetto dell'esercito, *Arius Aper* (cignale), l'assassino di Numeriano. Questa scoltura antica è di massimo rilievo, vivissima e di bel profilo.

SARCOFAGO TROVATO NELLE ROVINE DI SALONA
E DUE PARTICOLARI DELLE FACCIATE LATERALI

Da Salona vengono certamente un combattimento de' Centauri e dei Lapiti, un altro che si riferisce alla conquista della Mesia, e porta l'iscrizione *Moesia Capta Temporum Felicitas*, e un terzo, importantissimo, che rappresenta il passaggio del mar Rosso operato dagli Ebrei. Quest'ultimo bassorilievo è mirabilmente conservato: la materia è bella come l'alabastro orientale: lo si vede ancora sotto il portico d'un chiostro, vicino alla gran piazza nuova di Spalato; servì a lungo come davanti d'altare nella chiesa de' reverendi Padri Minori. Questo lavoro della decadenza dev'essere attribuito al quarto secolo della nostra era. Raccontano nel paese che il soggetto del sarcofago rimaneva ignoto (benchè Adam e Cassas, Lavallée e lo stesso Visconti ne avessero data l'interpretazione), quando nel 1818, nel momento del viaggio dell'imperator Francesco I, l'imperatrice Carolina Augusta, alla prima vista del monumento, ne spiegò il significato evidente, attribuendo a ciascun simbolo il suo valore. Abbiamo fatto incidere le facce di coteste tombe, perché rappresentano ancora la traccia lasciata dall'arnese di cui si servirono i barbari per violare le sepolture.

A Salona abbiamo assistito a una piccola scena episodica, che volemmo consacrare con un disegno: essa si riproduce tutti i giorni sotto una forma diversa. Mentre riposavamo vicino a una capanna, nel muro della quale erano incastrate delle iscrizioni antiche, una fanciulla di Salona, quasi una bambina, col vestiario nazionale, venne a portare al professor Glavinich un'iscrizione da

SARCOFAGO TROVATO A SALONA: FEDRA E IPPOLITO

RAGAZZA CHE PORTA DELLE ISCRIZIONI
TROVATE IN UN CAMPO A SALONA

lei trovata in un campo. L'archeologo ha avvezzato coloro che sommovono ogni giorno questa terra storica, a non distruggere nessun frammento, e, in cambio di ciò che portano, dà loro una piccola ricompensa in danaro. Stesa la mano per ricever la moneta, la fanciulla rimaneva lì tutta confusa; ma ben presto si fece ardita a chiedere se l'iscrizione non rivelasse l'esistenza d'un tesoro nel luogo in cui l'aveva trovata. E noi a ridere di tale ingenuità, ma credemmo a ragione che fosse utile lasciar il contadino nella credenza che ogni iscrizione può nascondere un tesoro; è il più sicuro modo d'impedirgli di distruggerle. D'altra parte, non è egli il più prezioso de' tesori quello che può rivelare alla scienza storica l'esistenza d'un popolo fin allora ignoto in una regione, e la cui presenza è d'un tratto palesata da alcune linee tracciate duemila anni fa sopra una lastra di marmo? È il caso d'una iscrizione trovata or sono alcuni anni né dintorni di Sign.

GIOVINETTO DEI DINTORNI DI TRAÙ

Capitolo XIX

La fiera di Salona, celebre in tutta la Dalmazia, si tiene nella prima quindicina di settembre. Indipendentemente dal commercio che vi si fa, essa presenta un'attrattiva considerevole per il viaggiatore, il quale vede colà riuniti quasi tutti i costumi della regione meridionale della Dalmazia, da Sebenico in poi. Dalla costa dell'Adriatico al confine turco, tutti i villaggi vi sono rappresentati. La scena è d'una varietà e d'una ricchezza incredibile, e l'artista che ha avuto la fortuna di viaggiare in Dalmazia in questa stagione, ne riporta una impressione profonda. I Turchi dell'Erzegovina ci vengono in folla, giacché il confine è appena a una giornata di cammino, ma non è l'elemento turco che reca la nota più pittoresca; ci vuol anzi un occhio esercitato per discernere un dalmata di Sign o di Knin da un musulmano di Livno o di Trebigne. Tutta l'attrattiva della festa sta nel vestiario delle donne: tanti villaggi, tante gradazioni diverse, tanti colori variati, tante forme nuove. Tra tutte, quelle che più attirano l'attenzione sono le donne dei *Castelli*, nome di sei paeselli alla costa nella baia di Spalato, i quali traggono origine da sedici castelli costruiti, nei secoli decimoquinto e decimosesto, da signori a cui i Veneziani avevano concesse delle terre a condizione di erigervi dei fortilizi e dei luoghi di rifugio per i contadini durante la guerra col Turco. I villaggi si aggrupparono sotto la protezione dei castelli, e poco a poco prosperarono, creandosi un'industria; gli armenti costituivano la loro maggior ricchezza. De' sedici castelli, otto esistono ancora: Castel Sucuraz, Abadessa, Castel Cambio (appartenente anche oggidì ai conti di Cambio), Castel Vetturi, Castel Vecchio, Castel Novo, Castel Stafileo e Castel Papali. I signori esercitavano dei diritti feudali, e alcuni di questi diritti esistono anche al presente, ma si vedrà che non hanno nulla d'eccessivo. Per esempio, il padrone ha il privilegio di ricevere in dono la testa di ogni porco ucciso sulla sua terra, e ciascuna famiglia gli offre un paio di galline all'anno. Ancora recentemente riscoteva una misura d'olive per ogni dozzina di misure raccolte, e aveva diritto alla lingua d'ogni bue ucciso sulla sua terra. Per converso, egli dava una focaccia di pane a chi gli rendeva omaggio.

Parlando di Traù ho già descritta la popolazione de' *Castelli*; è seducentissima. La punta di Spalato e l'isola di Bua formano colà un golfo ben riparato, e il suolo è fertilissimo; tutti i castelli sorgono proprio sulla spiaggia; è una delle più ridenti e più felici posizioni della Dalmazia.

Le *Castellane*, tra altre singolarità, hanno quella di far consistere la bellezza della donna nello sviluppo del petto, e non occorre dire che, per riuscire a guadagnare tutti i suffragi de' loro *Castellani*, sono forzate a impiegare i più ingenui artifizi. Questa singolare ambizione è complicata dalla forma bizzarra del piccolo panciotto, che, brevissimo e attillato, è portato da tutte. Anche la gonnella è molto attillata; un cappellino basso e decorato di fiori, delle calze gialle, delle larghe e lunghe catene d'argento portanti il coltello che pende alla cintura, e tutta una guarnizione di bottoni di filigrana sulla giubbetta rigonfia, completano il loro vestiario.

Tutta Spalato si reca naturalmente alla fiera e vi porta un elemento pittoresco, giacché anche la città ha le proprie fogge: i *borghesi* particolarmente hanno alte pretese all'eleganza; le donne della città non hanno nessun carattere speciale, come tutte quelle delle città della costa. Potresti crederti a Livorno, alla Spezia o nelle Puglie, in un punto qualunque della riva opposta dell'Adriatico. La riunione è numerosissima, tumultuosa, animatissima; ma non potrei dire se gli affari siano moltissimi, giacché le contrattazioni fatte in lingua slava sfuggono allo straniero. Vedo, riuniti in massa, buoi, montoni, porci; la parte industriale consiste in minimi saggi delle industrie locali, legni torniti, stoviglie che hanno poca originalità di carattere, ciotole, utensili casalinghi, bottoni da giubbette, stoffe stampate in Austria, e gioielli dalmati. Non voglio dire che la fiera sia un pretesto per divertirsi, ma certo di divertirsi non mancano ed è uno spettacolo graziosissimo, giacché porge occasione a gruppi numerosi, svariatissimi d'aspetto, che si stabiliscono a fantasia in posizioni bizzarre. Alcuni ingombrano la piazzetta della chiesa di Salona, che domina le rive del Giadro; altri si stabiliscono nelle capanne degli amici nel borgo; parecchi si piantano proprio sulle rive, vicini il più possibile all'acqua; scavano una buca, accendono il fuoco e preparano la cena. È come un'immensa carovana fermata. Sono messi allo spiedo dei greggi interi, e il montone è cucinato alla dalmata, cioè arrostito come in tutto l'Oriente: intero, messo al fuoco mediante una lunga pertica, i cui due capi posano sopra un cavalletto. Ho del resto già descritta la scena quando mi fermai a Ostrovitza, nelle antiche caserme di cavalleria di Marmont. Alla sera tutti hanno molto bevuto, molto parlato, molto mangiato; la sovreccitazione è grande, ma le discussioni sono molto meno numerose di quanto si potrebbe aspettare, sopratutto considerando essere gli attori per la maggior parte gente ignorante e poco incivilita. Tutto si risolve in canti un po' clamorosi e molto discordi, in danze abbastanza curiose per il carattere, in melopee interessantissime, accompagnate sulla guzla, lo strumento musicale. È sopratutto la sera che gli abitanti della città vengono ad assistere ai divertimenti dei contadini, cui designano complessivamente sotto il nome di *Morlacchi*.

Il governo austriaco, per via di ferme repressioni, ha mutato il carattere di questa fiera di Salona; una volta era l'occasione naturale, aspettata dalla *vendetta* nazionale per esercitare le sue rappresaglie: le autorità diedero degli esempi, e oggidì quelle guardie locali di cui ho disegnato alcuni tipi e indicato l'istituzione nella parte relativa a Knin e Bencovatz, i *Panduri* e i *Sirdari*, loro capi, vegliano di continuo e reprimono ogni tentativo di disordine. Qui ho veduta nel suo intero sviluppo la danza nazionale, il *kollo*, speciale del popolo slavo; devo dire tuttavia che l'ho ritrovata poc'anzi, ben altrimenti curiosa e piena di carattere, a Gradisca, a Brod, a Kostaimicza, sulla Slava e la Unna, tra le popolazioni de' Confini militari e nell'interno della Serbia.

ALLA FIERA DI SALONA

La voce *kollo* significa *cerchio*; ballando in tondo, i due sessi, alternati per coppie, con questa particolarità che l'uomo non dà la mano alla vicina, ma, passando il braccio sotto quello della ballerina al cui fianco la sorte l'ha collocato, va a cercar la mano di quella che la segue. Tutta la catena s'intreccia così e batte il suolo cantando un'aria monotona, un po' malinconica, ma non priva di grazia. A Gradisca, una domenica, sopra una lega di lunghezza, tutta la riva della Sava era seminata di gruppi di donne bizzarramente adorne di conterie, di grosse corone di fiori artificiali, di perle false enormi, di gioielli di forma rara e curiosa, di colori vivi spiccanti su giubbette bianche riccamente operate: era il giorno di non so qual festa locale; le sole donne ballavano a gruppi, lentamente, senz'avanzare, e sul posto, imprimendo a tutto il corpo una specie di *meneo* provocante, che ricorda e gli *jota* e i *bolero* e i *fandango* dell'Andalusia e della Castiglia, e fin anche la famosa *danza del ventre* di Smirne. Non ho mai veduto nulla di più particolare e di più caratteristico; andavo così da un gruppo all'altro, ebbro di color locale, avido di vedere, dimenticando e i Raià e i Turchi, e sentendo in fondo al cuore esserci in me un pittore che dormicchia, e aspetta soltanto una nota colorata per ritornar ai primi amori.

La signora Dora d'Istria, che dello studio dei popoli slavi si è fatta una specialità, in un articolo della *Revue des Deux Mondes* sulle *Poesie serbe*, ha citato un canto che mostra quale azione il *kolo* (è l'ortografia da lei adottata, contro il parere di Luigi Léger) può avere sul cuore del popolo serbo.

"Questa danza cambia fisonomia secondo l'età e il carattere delle donne che vi prendono parte. Ora una verginella vi compare unicamente, per far ammirare la sua modestia, ora la sposa d'un Bosniaco vi turba i cuori coll'espressione che dà a tutti i suoi movimenti. Ecco un esmpio dell'attrattiva irresistibile spiegata dalla ballerina nel kolo.

Il *hayduk* Radoitza, chiuso in una prigione di Zara, faceva così bene il morto, che Bekis ordina di seppellirlo. La moglie dell'*agà*, poco persuasa della verità d'un trapasso così repentino, consiglia d'accender del fuoco sul petto del hayduck, per vedere se "il brigante" non si scuoterà. Radoitza, dotato di un animo eroico, non fa neppure un movimento. La Turca esige che si prosegua la prova; mettono in seno di Radoitza un serpente riscaldato dal sole: hayduck rimane immobile e non ha paura. La moglie dell'agà consiglia allora di conficcargli venti chiodi sotto le unghie; egli continua a mostrar animo fermo, e non si lascia sfuggire un sospiro. La malvagia ordina infine di formare un kolo intorno al prigioniero, nella speranza che Haikuna strapperà un sorriso al hayduk. Haikuna, la più bella e la più alta delle fanciulle di Zara, conduce la danza: la collana sospesa al suo collo risuona a ogni passo, si sentono fremere i suoi calzoni di seta. Radoitza, imperterrito davanti alle torture, non può resistere a tante seduzioni, e la guarda e sorride; ma la giovine serba a un tempo orgogliosa e intenerita dal proprio trionfo, lascia cadere sul viso di Radoitza il suo fazzoletto di seta, affinché le altre ragazze non vedano il sorriso di hayduk. Terminata la prova, gettano Radoitza nel mare profondo; ma, maraviglioso nuotatore, egli ritorna la notte nella casa di Bekis agà, gli tronca la testa, uccide quella "cagna di una Turca" conficcandole sotto le unghie i chiodi cavati dalle proprie mani, rapisce Haikuna "cuor del suo petto", la conduce in terra di Serbia, e la sposa in una bianca chiesa".

Capitolo XX

L'interesse e forse la novità di questo viaggio consiste nell'itinerario seguito. Fedeli al nostro sistema, dopo aver veduta la costa, attraversiamo sempre il paese in tutta la larghezza, dal mare alla Turchia: giacché la Bosnia e l'Erzegovina formano l'una e l'altra il confine, secondo il punto al quale approdiamo. Dopo un lungo soggiorno a Spalato e a Salona, soggiorno giustificato dal grande interesse ispirato dai bei vestigi del tempo di Diocleziano, abbandoniamo ancora una volta la costa, e c'inoltriamo verso Sign.

Percorrendo una seconda volta la strada che conduce da Spalato a Salona, ci dirigiamo verso Clissa, villaggio scaglionato appiè d'una fortezza singolarmente accidentata, la quale cogli arditi profili del suo contorno frastagliato ricorda le cime nevose delle grandi montagne svizzere. Clissa comincia dal fondo della valle, e stende le sue case sopra una serie di parapetti o di terrazzi, sovrapposti come i gradini d'una gigantesca scalinata. Ciascuna ha il suo giardinetto angusto, sostenuto da una costruzione ciclopica, al pari dei terrazzi piantati a olivi sulla Cornice, da Genova a Monaco. Al disopra dell'ultimo scaglione si eleva il bastione, ancora altissimo, e il cui muro dentellato spicca sul cielo. Questo cantuccio della Dalmazia è veramente pieno d'interesse: nello spazio di una lega appena, si trovano riuniti Spalato, Salona e Clissa, la storia, l'arte e la natura. Visitando questo nido d'aquila e questo povero villaggio, ci pareva che anche coteste mura dovessero avere le loro leggende; quando tornati in porto, abbiamo chiesto allo studio l'illustrazione delle memorie che riportavamo da questo viaggio fatto a tentone, perché da parecchi secoli nulla fu scritto tra noi su cotesti luoghi, rimasti quasi ignoti, la lettura dei cronisti antichi ci ha provato che non ci eravamo ingannati. La fortezza, abbandonata quando la visitavamo per la prima volta, era occupata nella primavera successiva, quando vi ritornammo in seguito all'insurrezione de' rajà di Bosnia. Oggi, come in addietro, Clissa domina i passi de' Turchi che volessero accedere al mare; la fortezza è austriaca e nel cuore della Dalmazia, giacché i confini furono portati più lontano. Della storia di Clissa citeremo un solo episodio, il più pittoresco e il più spiccato.

Verso il 1537, dopo essere stata bosniaca, poi turca, poi veneziana, Clissa era in mano degli Ungheresi. E Pietro Crosichio governava come signore del luogo e feudatario del Sigismondo d'allora. Era il tempo che i terribili Uscocchi, quei pirati dell'Adriatico, infestavano le rive, turbavano la sicurezza del commercio della Repubblica, e non rispettavano tampoco le carovane turche che dall'interno si dirigevano alle città della riva.

Credendo di procurarsi degli alleati fedeli, Pietro Crosichio accolse nel suo castello quel pugno di briganti, e i Turchi, dopo avere intimato al padrone di consegnare i pirati, assediarono Clissa.

Nei trecentosessantacinque giorni che durò l'assedio, fu veduto ogni mattino una specie di gigante che figurava tra i musulmani, avanzarsi da solo appiè delle mura, e rimproverare agli Ungheresi e agli Uscocchi di ripararsi dietro i bastioni, invece di uscire a misurarsi petto contro petto. Il colosso Ragora, – così si chiamava, – era divenuto celebre tra gli assediati e gli assedianti. Un giorno, un giovine paggio di Crosichio, per nome Milosso (ignoro se fosse innamorato della castellana e volesse coprirsi di gloria sotto i suoi occhi), dichiarò che alla prima sfida farebbe morder la polvere al miscredente, o perirebbe. Ci fu grande apparato scenico. Milosso, più modesto che non lo siano di solito i paggi, votò la sua vita al Dio de' cristiani, dicendo che, se soccombesse, sarebbe una lieve perdita per la guarnigione, mentre poteva vincere, e allora qual gloria per lui! E vinse infatti, proprio come Davide; e Paolo Sarpi, nella storia degli Uscocchi, racconta diffusamente le peripezie della lotta. Questa vittoria del paggio non impedì ai Turchi di prender Clissa, fortezza che conservarono poi per oltre un secolo.

Nel 1647, scoppiata di nuovo la guerra tra il sultano e la repubblica di Venezia, il provveditore di Dalmazia ricevette l'ordine di operare una diversione e d'impadronirsi delle piazze forti de' musulmani. Il provveditore assediò Clissa, che ridivenne veneziana, e facendo di questa fortezza una base d'operazione, sollevò tutti i Morlacchi della regione, che riuscirono utili ausiliari. Espugnata a viva forza, Clissa divenne proprietà legittima nel 1669, col trattato che pose fine alla disastrosa guerra di Candia erano liberi di partire colla guarnigione e esportare le masserizie; la Repubblica manteneva tre porti nell'isola: essa chiese inoltre di conservare in assoluta proprietà le piazze fortificate da lei prese in Dalmazia. Per tal modo Clissa rimase definitivamente ai Veneziani.

LA FORTEZZA DI CLISSA

Capitolo XXI

Da Spalato a Sign ci sono quattordici miglia austriache (centosei chilometri); le percorsi tutte di seguito, valendomi della posta imperiale, che fa servizio una o due volte alla settimana. Ho già descritto il materiale; la diligenza è discretamente comoda.

Nel ritorno, con un ufficiale austriaco, ho noleggiata una di quelle piccole vetture dalle molle di legno, su cui gettano un cuscino di foglie di granoturco, e che sono tirate da un cavallino bosniaco, sicuro quanto un mulo ne' passi difficili. Partito all'aurora, dopo sette o otto ore d'un viaggio abbastanza faticoso, giunsi nella cittaduzza di Sign, avendo attraversato i villaggi seguenti: Clissa, Miovilovic, Diemo, Osoje, Diedivic, Radosoca, Kukusi, Talaja e Arbanas.

Dopo Salona, l'è finita colla ridente natura, e il deserto di pietra, già incontrato da Zara a Knin, e da Knin a Sebenico, ricomincia più arduo, più severo. Dove sorge un villaggio, vuol dire che la natura, un po' più clemente, presenta alcuni metri quadrati di terra vegetale; bisogna credere per altro che nelle fessure delle rupi, nelle spaccature, in alcune valli che sfuggono agli occhi del viaggiatore che non si allontana dalla via maestra, i contadini raccolgono un po' di foraggio e alcuni minuti legumi, e campino così alla meglio, giacché vivono sul luogo; d'altra parte, c'è ancora una certa varietà negli aspetti, e, secondo l'orientazione de' luoghi che si attraversano, il terreno è più o meno propizio all'esistenza dell'uomo. Per parecchie leghe corrono delle file di alture; le agglomerazioni delle case giacciono alla base delle colline, e si stendono fino al luogo in cui il vento, abbruciando la vegetazione, non lascia più sussistere al disopra che una rupe bigia altissima. La terra, senza humus, pare incapace di dare alimento alla pianta. Abbiamo attraversato alcuni quadrati di magre viti, dei campi di sorgo; alcuni erano coltivati a frumento; dei gruppi di donne sedute sull'aia davanti a capanne di stoppia, basse e meschine così da ricordare quelle de' Kabili, battevano il raccolto, scarnate, cenciose, pur sempre piene di originalità, e coperte di brandelli colorati.

Verso Radosoca, dovemmo cambiar il cavallo: il postiglione che ci conduceva, e che apparteneva all'amministrazione di Spalato, ci consegnò a un Dalmata in abito nazionale, coll'alto turbante e la cintura rimpinzata d'armi; questo nuovo conduttore portava in mano, come un uomo singolarmente imbarazzato, il cappello di cuoio bollito cogli stemmi austro-ungheresi, il quale è il segno amministrativo delle poste della Corona e deve essere portato di regola da ogni impiegato. Tenendo con religione il turbante in testa, finì col sospendere il cappello alla cintura, per inalberarlo probabilmente nel caso che un impiegato superiore avesse a scorgere cotesta infrazione, motivata all'attaccamento del Dalmata a' suoi usi e costumi, e al suo amore al vestiario nazionale.

I dintorni di Sign devono certamente aver formato una volta un lago immenso, prosciugatosi poi col volger del tempo.

Dopo aver attraversato delle successioni di valli, e fatte delle ripide discese e delle aspre salite, giungiamo alla fine in vista della città, o piuttosto della sua pianura, giacché la città si nasconde dietro un tratto di collina a sinistra. È la più vasta pianura da noi veduta sin qui; la superficie è verde, ma presenta delle pozze d'acqua che brillano al sole, e in cui gli alberi si riflettono come in uno specchio.

Tutti questi villaggi, a quanto ci dicono, sono devastati dalla febbre; gran parte degli operai che lavorano di giorno ai campi, vanno a dormire la sera a parecchie leghe di distanza. Quest'immensa pianura di Sign è chiusa all'orizzonte estremo da alte montagne; inoltrandosi verso la città, il terreno si solidifica, e numerosi greggi pascolano in quegli spazi verdi d'una vegetazione abbastanza vigorosa, i quali bagnati dalle acque degli stagni, danno al viaggiatore l'idea d'una terra più ricca di quella da lui fin allora calpestata. La scala generale è enorme, e siccome arrivate da un'altura per sboccare subitamente nella pianura, avete il senso di uno spazio immenso, in cui gli animali paiono dei punti bianchi o rossi sopra fondi verdi abbastanza pingui, e in cui i pioppi, piantati in lunghe file, si discernono appena, nonostante l'altezza. È veramente un paese nuovo, e il cambiamento è repentino; ben presto appaiono de' granai, delle masserie, delle biche, vale a dire la prova irrecusabile di ricchi raccolti, affatto inverosimili in coteste regioni; e per la prima volta si incontra qui un insolito movimento agricolo, a cui il viaggiatore non è avvezzo in questi paesi diseredati.

Capitolo XXII

Sign si presenta, all'arrivo, seduta appiè di una rupe difforme; il suo profilo non ha nulla di pittoresco; una fortezza del tempo dei Veneziani, ora smantellata e che ha dovuto subire degli assalti numerosi, non aggiunge gran che al carattere dell'aspetto generale.

Delle cortine di pioppi nascondono le case, costruite come quelle de' villaggi moderni della costa, e senza il convento e le chiese, non si riconoscerebbero le tracce del passaggio dei Veneziani. Le vie sono larghissime, smisuratamente spaziose, e la cittaduzza occupa un'area considerevole. Dall'aspetto esterno d'ogni cosa, non si crederebbe che il confine turco si trovi a sei ore di qui; ma le carovane spesseggiano e attraversano di continuo la città, cariche di legnami, di balle di merci, di caffè, di spezie d'ogni natura, prese alla costa.

A bordo della nave che mi aveva trasportato da Sebenico a Spalato, avevo incontrato un deputato alla Dieta dalmata, l'avvocato Tripalo, il quale mi aveva fatto promettere di visitare Sign e di fermarmivi. Arrivando, prima di tutto andai in cerca dell'avvocato, e il caso mi servì abbastanza bene, facendomi incontrare, proprio all'ingresso nel villaggio, il di lui fratello, il quale mi agevolò la ricerca dell'alloggio per passare alcune ore nella città.

Era giorno di mercato, ed è sempre una fortuna per lo straniero l'arrivare in tal giorno in una città; i contadini de' dintorni *posavano* davanti a me sulla piazza, e, benché le linee generali del vestiario non variino, via via che avanzo verso il confine, noto delle nuove particolarità, le quali ne accrescono l'attrattiva.

Ciò che mi ha colpito qui è l'*okruga* delle donne slave; bizzarro berretto bianco in forma di staio, collocato sul davanti della testa, al disopra delle fasce di capelli, e di cui è visibile la sola parte anteriore, giacché al disopra dell'okruga tutte le donne portano un ampio velo, che scende fino a metà della schiena e panneggia anche le braccia, pur lasciando apparire la brillante guarnizione di stelle rosse, o il fregio di verdi foglie di quercia, oppure la greca classica di buono stile antico, che decora la camicia. È interessante il seguire le diverse trasformazioni delle varie parti del vestiario.

L'okruga a Sign è bianca, di tela, e semplicissima; un po' più innanzi, nel primo villaggio, avanzando verso il confine, la faccia anteriore è traforata come un merletto e presenta graziosi disegni, eleganti di forma, in cui il giuoco della luce e dell'ombra fa tutte le spese, giacché non è un ricamo a varii colori, ma semplicemente un traforo.

Più in giù. Nell'Erzegovina, questa specie di *cartonaggio* è rosso, e somiglia ad un fez più rigido; infine, verso Trebigne, l'okruga cede il luogo al fez vero, ed è sempre ricoperto dal largo velo che ricade sulle spalle delle donne e ne copre le braccia. In Erzegovina, e sopratutto nella parte bassa, tra il Montenegro e Mostar, il velo è di seta, finissimo, e accresce di molto l'eleganza; nel rimanente la differenza è poco sensibile. Anche gli abiti degli uomini non differiscono sensibilmente da quelli della regione di Knin; meno il turbante che portano in Dalmazia, e che nelle provincie turche è riservato ai sudditi musulmani, agli Osmanli, la gente di questo paese potrebbe scambiarsi cogli Slavi bosniaci.

Le chiese di Sign sono bellissime per gli ornamenti e spaziosissime; la gran maggioranza della popolazione deve essere cattolica, giacché non ho veduto nessuna cappella di rito ortodosso. La cura degli interessi religiosi è affidata ai Francescani; molto superiori agli altri membri del clero della provincia, essi ufficiano in tutte le chiese di Bosnia, d'Erzegovina, di Bulgaria, e della penisola dei Balcani. Possiedono una ventina di conventi nella provincia. Durante il dominio francese, il maresciallo Marmont si era amicato questi Padri francescani, parendogli che potessero esercitare una influenza salutare, giacché avevano viaggiato e fatti gli studi ne' conventi d'Italia, di Francia e d'Austria; pertanto egli faceva le sue tappe soltanto di convento in convento. Siccome dal tempo de' Veneziani essi avevano l'abitudine di scegliere, a Venezia, un protettore, il quale diveniva l'intermediario dell'Ordine presso il potere centrale, il maresciallo accettò questo titolo e lo portò per un certo tempo; ma il viceré d'Italia, Eugenio Beauharnais, che risedeva a Milano, vide in ciò un'usurpazione di poteri, e Marmont dovette rassegnare il titolo.

Il lettore ricorderà che abbiamo segnalato diverse manifestazioni religiose di contadini slavi nella cupa cattedrale di Spalato, tempio dell'antichità pagana, consacrato al culto cattolico; a Sign, sotto le volte della chiesa, abbiamo avuto occasione di assistere a manifestazioni di carattere ascetico, le quali ci hanno ricordato ciò che abbiamo veduto di più curioso in questo genere nelle chiese dell'Andalusia, in cui talvolta dei mendicanti paiono immersi nel sonno catalettico.

Il tempio era quasi deserto, la piazza del mercato abbandonata; alcune contadine indugiatesi entrarono nella chiesa, deposero i panieri sulle lastre, e strascinandosi penosamente sulle ginocchia, fecero il giro degli altari privilegiati, alternando le preghiere e battendo colla fronte il pavimento, mandando esclamazioni che rintronavano sotto le volte. Un sagrestano chiese loro l'elemosina, presentando una cassetta chiusa a catenaccio, e vidi quelle povere donne, prima di deporre l'obolo, baciare religiosamente la cassetta. Un vecchio, dopo aver salito a ginocchi i gradini dell'altare, si avanzava pietra per pietra, baciando ciascun quadrato del fregio, composto d'incrostazioni preziose; di tant'in tanto l'eco mi rinviava un'ardente esclamazione rivolta al santo protettore, e per un lungo spazio di tempo il pover'uomo scomparve dietro l'altare, continuando pietosamente la sua adorazione e non lasciando una pietra del fregio senza tracciarvi un segno di croce e poi baciarla.

Queste chiese di Sign sono per la maggior parte del decimosettimo e del decim'ottavo secolo; esse portano l'impronta italiana, e la decorazione è evidentemente del periodo del dominio veneziano.

Sulla piazza principale, una graziosa fontana, degna di Treviso, di Montebelluno, di Padova o di alcun'altra città di terraferma, per il carattere e la data rammenta il tempo in cui la repubblica regnava a Sign. All'ora in cui passavamo di là, le contadine venivano ad attinger acqua, e le loro fogge di vestire, che ricordano l'Oriente, facevano contrasto colle forme del rinascimento italiano di cotesto piccolo e grazioso monumento. Abbiamo voluto disegnarlo come uno dei tropo rari vestigi d'un bel periodo in questa regione di Sign, in cui rispetto ai monumenti non raccogliemmo che delusioni.

D'altra parte, dopo Salona e Spalato, non dovevamo aver più emozioni fino a Ragusa, l'Atene slava.

Il signor Tipaldo volle darci l'idea di una festa speciale a Sign, festa alla quale sgraziatamente non potevamo assistere; egli ci mostrò i vestiarii portati dai giostratori nei giorni in cui si celebra.

È un torneo popolare, chiamato la *Sostra*, in cui, montati su cavalli vivissimi, i notabili della città, vestiti come cavalieri ungheresi, corrono l'anello e eseguiscono un brillante carosello. È un ricordo d'una vittoria riportata

FONTANA VENEZIANA SULLA PIAZZA DEL MERCATO, A SIGN

nel 1715 dai Veneziani sui Turchi, avanzatisi fino a Sign. Ora la cerimonia è celebrata in occasione della festa dell'imperator d'Austria; essa ha luogo all'entrata della città, nella pianura; i vestiari sono ricchissimi, ricamati d'argento su fondi a colori vivaci, i cavalli brillantemente bardati, e il vincitore è coronato solennemente. Un custode d'onore, scelto dalla città e depositario di tutto cotesto ricco materiale, ci mostrò gentilmente tutti gli elementi di questo apparato scenico, spiegandoci le varie fasi della lotta. Uno degli astanti, eletto presidente d'onore, ci fece omaggio della sua fotografia nel vestiario di comparsa, consistente in un alto talpak, una tunica aperta, attillata, guarnita d'argento, colle brache ungheresi, il panciotto a larghe partite e gli stivali alti alla magiara. Ma siffatti vestiari da carnevale hanno raramente un carattere spiccato, giacché, riproducendo il tipo d'un altro tempo, colui che lo porta comincia dal modificarne a capriccio le forme, secondo il suo gusto e le sue abitudini, mentre tutto il suo essere intero, il taglio de' capelli, della barba, il gesto e il portamento, tutte cose moderne, protestano contro il vestiario e fanno contrasto forzato.

Sign ci ha interessato per le iscrizioni e le vestigia adunate nel museo del collegio: questa raccolta è per altro ben lontana dal costituire un gabinetto archeologico; sono per la maggior parte frammenti di statue spezzate, di vasi in cattivo stato, di lastre che non attraggono menomamente per la grazia della forma; pure, c'è qualche vestigio di alto interesse. Il Padre francescano che ci faceva gli onori del collegio ci assicurò che lo storico Mommsen aveva fatto lì un recente soggiorno per pigliar dei calchi di tutte le iscrizioni.

Ho passata una sola giornata a Sign. Ma vi ho potuto dormire e mangiare: gran complimento per una città dalmata del confine dell'Erzegovina. In seguito, posso dire arditamente d'aver sofferto la fame dall'altro lato della montagna, e molte volte, anche da questo lato del Velebit, la pietanza fu magra e il riposo della sera poco sicuro.

Dopo aver passato la giornata in visite, in passeggiate intorno alla città, in cui non ho veduto cosa degna di menzione, decisi di ripartire il domattina per la costa, affine di imbarcarmi a Spalato per Ragusa. Era rifare lo stesso tragitto; ma in un'escursione di questa sorta, il viaggiatore è vincolato dalla legge suprema dei mezzi di trasporto; bisogna sempre ritornare all'Adriatico per ritrovar la via marittima e le stazioni della compagnia del Lloyd: non c'è dunque da esitare sulle vie da prendere. Giunti senz'incidenti a Spalato, salpammo il domattina alle sei, e dopo 22 ore di navigazione placida, dolce e comoda, entravamo nel porto di Gravosa e Ragusa.

Questi viaggi per mare da una città all'altra non mancano d'interesse. Dal ponte della nave osserviamo il carattere della costa, e nelle fermate in ciascuno di questi piccoli porti (troppo brevi per tentare di fissare la fisonomia con disegno e con una descrizione) andiamo così costeggiando la riva, sostando a Pietro di Brazza, ad Almissa, Macarsca e Curzola, appena il tempo necessario per deporre i viaggiatori, prenderne dei nuovi, e far dei rapidi schizzi.

Capitolo XXIII

Leviamo l'ancora alle sei, e ci addentriamo nel canale di Spalato; alle sette tocchiamo Brazza. Secondo che il viaggiatore prende la linea d'Albania o quella di Dalmazia, segue tale o tale strada: i nostri scali con quest'ultimo piroscafo sono San Pietro di Brazza, Almissa, Macarsca, Curzola, e infine Gravasa, che è il porto di Ragusa. Per l'altra via si toccano Milna, Lissa e Curzola; vale a dire, il luogo di rasentar la costa e fermarsi ai punti di terraferma, si piglia il largo all'uscire dal canale di Spalato, si passa tra l'isola di Solta e quella di Brazza per approdare a Lissa, celebre per la battaglia navale del 1866, e, tenendosi sempre al largo, si arriva a Ragusa per l'alto mare.

Alle nove tocchiamo Almissa, ottimamente situata all'ingresso d'una gola profonda, coronata da montagne d'un tono nero vellutato. Una fortezza che sembra importante, veduta dal ponte della nave, campeggia e spicca al disopra delle case. Durante la fermata del piroscafo, traccio uno schizzo della città, che si presenta pittorescamente. Il porto è ristrettissimo; vi conto appena una

LA CITTÀ D'ALMISSA, SULLA COSTA, TRA SPALATO E RAGUSA

decina di navi; le acque, poco profonde, hanno una trasparenza straordinaria.

Dopo Almissa si trova quasi immediatamente un fondo considerevole; le onde sono limpide come cristallo. La nave costeggia la riva a dieci braccia, i più grossi bastimenti possono passare al piede stesso delle case che la fiancheggiano; non è tuttavia una costa rocciosa; tutt'altro, l'olivo dal cupo fogliame spicca in punti neri, sulla vite dorata nell'autunno, e, a cominciare da una certa altezza, la montagna si slancia in cime granitiche, in picchi arditi che salgono verso il cielo. Tutta questa parte del canale di Brazza, tra Almissa e Macarsca, è benisssimo coltivata; può anzi dirsi ch'è coraggiosamente usufruttata, giacché il suolo è arduo, e bisogna lottar contro la natura. Dal lato della terraferma, il canale è poco popolato; ivi sorge Rogosnizza, che si presenta assolutamente bianca, a causa della moda di vestir i tetti di uno stato di calce: siccome i muri intonacati sono già d'un bianco d'argento, tutti questi ammassi di case presentano un aspetto singolare, e formano contrasto coi villaggi situati al disopra e al disotto, in cui la tegola rossa o bianca spicca vivamente sulla tinta de' muri. Quest'usanza d'imbiancare i tetti colla calce mi aveva già colpito dalla parte di Dernis, all'uscire da Knin verso Clissa, e in seguito, in certe parti della Turchia d'Europa, ho veduto che i coloni hanno la stessa abitudine.

Macarsca, capoluogo di distretto, sorge pure sulla costa, e colla punta di San Giorgio, nell'isola di Lesina, questa cittaduzza chiude il canal di Brazza. Alle undici e mezzo gettiamo l'ancora davanti alla città. Dall'alto della nave non vediamo che una rupe bianca, bassa bassa, che sorge a picco dal mare, e porta una chiesuola; ma la parte che scorgiamo è soltanto la Marina, e la vera Macarsca appare ben presto in fondo a una baia formata dalle rupi. Le case sono alte, coperte di tegole rosse: i campanili, tutti veneziani di forma; alcune case sono dipinte in rosso e color feccia di vino, come alla punta dell'Arsenale di Venezia; molte hanno balconi sporgenti, decorati di piccole colonnette bizantine. La disposizione generale è sempre la stessa: una rupe bianca, e delle case appoggiate al fianco della montagna, al disopra delle case, monumenti e campanili, infine l'alta montagna, la quale, coltivata alla base, con macchie d'olivi, si fa sempre più nuda coll'elevarsi, e termina con grandi dentellature bigie interamente calcinate dalla Bora.

Giriamo San Giorgio, e virando di bordo per entrar nel canale di Narenta, guadagniamo l'alto mare tra Lissa e Curzola, lasciando a destra l'isoletta di Toscola. Alcune di queste isole, ancorate nell'Adriatico, sono discretamente fertili; il loro aspetto verdeggiante e ricco contrasta colle montagne aride della terraferma. Di là, passando tra Curzola e Lagosta, ci addentriamo in canali così angusti, tra Sabbioncello e Melida, che ti par di navigare sopra un lago come quello di Ginevra. La notte scende, le coste s'avvolgono d'ombra, e noi guizziamo silenziosamente sulle onde tranquille. Avanziamo per altro lentamente e con cautela, girando tutto il gruppo delle isole Elafiti, e il mattino, con un bel sole raggiante, entriamo nel porto di Gravosa, ch'è la stazione marittima di Ragusa.

Gravosa è infatti il porto di sbarco di Ragusa; le navi approdano lì meglio che nel porto della città, propriamente detta: la baia è più profonda, più sicura, e l'esposizione molto preferibile. Ragusa ricovera soltanto de' pescatori e il piccolo cabotaggio; il suo porto è troppo esposto ai venti di sud-est. Evidentemente, questa città, una volta così considerevole per il commercio, e la quale

VEDUTA DI MACARSCA

ebbe tale importanza da destare per un istante la gelosia della repubblica di Venezia, avrebbe dovuto sorgere a Gravosa, in luogo d'esser rinserrata tra il mare e le montagne rocciose che la rinchiudono e la condannano a non potersi mai estendere. Ma i primi Ragusei furono indotti da un sentimento di sicurezza scegliere un luogo d'accesso difficile: più tardi, quando delle catastrofi successive forzarono gli abitanti a ricostruire la città, si mostrarono così affezionati alle case native e alle tradizioni, da non voler abbandonare un luogo male scelto in origine, benché a due passi avessero una posizione senza rivale per fondare una città fiorente.

Da Gravosa a Ragusa c'è appena mezza lega.

Dopo aver subita la visita della dogana, si giunge alla città per una bella strada in cornice, rinserrata tra la montagna e il mare; il declive, abbastanza largo, permise che da ciascun lato sorgessero delle villeggiature di carattere italiano, d'aspetto elegante, nascoste in una vegetazione vigorosissima, che gareggia con quella dei climi più ricchi.

L'aloè e il cactus crescono con abbondanza nelle fessure delle rupi; il cielo, il mare, la montagna, la forma delle case, la natura tutt'intera ricordano ai viaggiatori la rupe di Monte Carlo e il fiero profilo di Monaco; i neri cipressi che si slanciano, diritti e rigidi in mezzo ad arbusti colle foglie d'un giallo d'oro e i frutti coloriti, ricordano pure la vegetazione del mezzodì dell'Italia. Gravosa è un punto di qualche importanza per il suo porto: là sorgono i cantieri di costruzione di Ragusa, i quali non hanno più l'attività d'un tempo; gli abitanti seppero tuttavia conservarvi la tradizione. Tra Gravosa e l'ingresso di Ragusa, proprio sulla strada, i ricchi cittadini della Repubblica costruivano le loro case di delizia e piantavano i loro giardini, procacciandosi così un ridente soggiorno di villeggiatura a fianco della città politica, eretta sopra una rupe spoglia d'ogni vegetazione.

Chi ha studiata la storia di Ragusa entra con rispetto in questa città, e la singolare sua costruzione e il suo aspetto esterno, così caratteristico in conseguenza del luogo scelto dai fondatori e della pianta fatalmente seguita dappoi, non portano nessuna delusione all'immaginazione del viaggiatore che arriva in vista di Ragusa.

Dopo i giardini e le villeggiature, che fiancheggiano la strada, si accede al borgo Pilla, in cui sorgono alcuni alberghi per i viaggiatori; proprio dirimpetto alla strada si erge la postierla della fortezza che rinchiude la città tutt'intera. Dappertutto strade coperte, ponti levatoi, fossi profondi, nel letto dei quali, tra le rocce, crescono larghi fichi; delle spianate a pendio ascendente, in cui dei soldati fanno gli esercizi, delle alte mura merlate che seguono l'inclinazione del terreno, con torri a ballatoi, ricordano le costruzioni del medio evo. Al disopra dell'entrata principale spicca un bassorilievo, san Biagio vescovo, col pastorale e la mitra, addossato a un castello. È lo stemma della città e il sigillo della repubblica ragusea; la quale scelse a patrono il santo vescovo perché, in una circostanza in cui i Veneziani tentavano d'impadronirsi della città coll'astuzia, un prete si presentò al Senato, e dichiarò che san Biagio gli era comparso in sogno e gli aveva rivelati i disegni de' nemici (971), Passata la postierla, bisogna attraversare ancora una triplice cinta, con posti e piazze d'armi, e si sbocca finalmente sullo *Stradone*.

Questo *Stradone* di Ragusa è tutta quanta la città; quasi all'ingresso sorge una gran fontana di bel lavoro, del principio del secolo decimosesto; essa non è finita o fu decapitata da un cataclisma; lo stile ricorda i tempi della dominazione degli Spagnuoli, quando comandavano a Napoli. Dirimpetto alla fontana attira l'attenzione il portico d'una bella chiesa che dipende da un convento di Francescani; diamo in queste pagine il disegno della sua facciata elegante e delicata. Immaginate una via lastricata, larga da dieci o dodici metri, fiancheggiata a destra e a sinistra da case uniformi di granito, case larghissime, semplicissime, senza architettura, separate le une dalle altre da viuzze non più larghe di due metri. Ciascuna di coteste viuzze che si aprono sulla sinistra, dà accesso a scale di oltre cento gradini; le case che danno su questi passaggi seguono naturalmente il pendio, si sovrappongono, aprono le finestre addirittura sui

LO STRADONE, VIA PRINCIPALE DI RAGUSA

UNA VIA DI RAGUSA

PIAZZA PRINCIPALE DI RAGUSA

gradini, sporgono al disopra di questi coi balconi, e formano finalmente il singolare complesso, di cui abbiamo disegnato uno degli aspetti.

All'alto della scalinata, particolare quasi impercettibile in uno schizzo come il nostro, si profilano sul cielo i merli d'una fortezza che, eretta a prodigiosa altezza sulla rupe, difende questo lato della città. Le vie del lato destro parimente strette, rimangono a livello dello *Stradone*, e conducono nella parte della città che dà sul mare, o piuttosto sulla cinta fortificata che la rinserra, e di cui il lettore può veder l'aspetto nella veduta generale di Ragusa, che riproduciamo da una fotografia.

Lo Stradone è diritto come un I; attraversa la città in tutta la lunghezza, e mena al borgo Plocce, porta d'uscita della città sulla campagna e sulla strada che conduce in Erzegovina.

Prima di uscire dalla cinta, fermiamoci un istante sulla piazza principale, la *Piazza dei Signori*, che si apre all'estremità dello Stradone. L'ultima casa a destra ha la facciata laterale sulla piazza, ed eccoci davanti alla cattedrale della città, la quale non presenta carattere particolare, e appartiene al diciassettesimo secolo italiano. A sinistra, sullo stesso piano della linea di case che fiancheggiano la via, sorge un monumento squisito di forma e di proporzioni: è la *Dogana*. Si capisce come un popolo, che doveva tutto al commercio, fin la gloria letteraria e le arti, abbia consacrata una delle sue più belle costruzioni allo scambio, e fatto della Dogana un palazzo. Il carattere di questo monumento ricorda il sedicesimo secolo italiano, o la fine del quindicesimo. Il *Palazzo del Rettore*, o primo magistrato della repubblica, sorge dirimpetto a noi sulla stessa piazza, e i suoi bei pilastri, che portano delle volte in ogiva, ricordano il portico del palazzo Ducale di Venezia. Tra il palazzo e la Dogana, un corpo di guardia monumentale, sormontato da una torre coll'orologio, forma la porta d'uscita che conduce al mare.

Fuori dello Stradone, chiamato altresì *Corso*, la città si stende sulla destra, dove si apre una *piazza delle Erbe* abbastanza spaziosa e dove parecchie vie anguste formano un ammasso di case, appoggiate le une contro le altre, e scarsamente illuminate a causa della strettezza delle vie da cui ricevono la luce.

Il carattere generale di Ragusa è quello d'una città veneziana; le lastre, i balconi, lo stile dei monumenti, il numero inverosimile di chiese che vi sorgono, tutto ricorda l'architettura di Venezia. Notevolissima è la pulitezza che regna dappertutto. Tutto è vivo, gaio; e nonostante lo scarso orizzonte, si sente che qui c'è ancora della ricchezza, a dispetto delle lunghe vicissitudini de' tempi.

Nello Stradone, a ciascun passo, s'aprono botteghe di gioiellieri, di sarti, di ricamatori, che coprono i farsetti de' Ragusei di passamani d'oro di ricchissimo disegno. I vestiari locali sono molto caratteristici: quelli della corporazione de' facchini o fattorini somigliano in modo da ingannare a quelli de' commercianti turchi di Smirne, e questa corporazione, speciale alla regione, merita una menzione particolare. I fattorini di Ragusa costituiscono una classe che ha le sue leggi, i suoi usi e costumi, la sua giurisdizione speciale. L'istituzione risale verisimilmente molto indietro; e si conserva intatta nelle sue regole: tutti i suoi membri godono d'una riputazione d'onestà perfetta.

Il loro vestiario si compone d'un turbante, un farsetto filettato, un panciotto ricamato d'oro, abbottonato da un lato, una cintura di cuoio contenente le armi e la pipa, e un'altra cintura larga di lana, come quella che portano la maggior parte de' Musulmani; calzoni larghi alla turca, calze bianche e babbucce rosse. Nei giorni di festa, quando, vestiti d'abiti nuovi, siedono sugli scalini della cattedrale, i loro gruppi forzano l'attenzione dello straniero; gli par di vedere una guardia d'onore d'un paese orientale. Sempre in cerca di fogge di vestire, le quali in Dalmazia sono veramente più ricche e più pittoresche che in ogni altra parte d'Europa, passavo i giorni a Ragusa sulla piazza delle Erbe, in cui le donne de' *Canali* e quelle di *Breno*, le *Canalesi* e le *Brennesi*, mi fornirono numerosi disegni. Queste donne spiegano una certa civetteria nell'abbigliamento: portano biancheria candida come neve, gonnelle bianche finissime, ricamate d'ornamenti delicati; un fazzolettino di fantasia, affatto

CORPORAZIONE DEI COMMISSIONARI DI RAGUSA

inservibile, s'insinua nella cintura; i gioielli d'oro sono numerosissimi e di bellissima forma; la cuffia, i fisciù, dai colori vivaci, le calze di bianchezza immacolata, le gonnelle a mille pieghe, strette all'anca; i nastri di colore intrecciati ne' capelli bellissimi, tutto ciò compone uno de' più seducenti vestiari che si possano vedere.

Ho indicato i monumenti; andiamo ora a visitarli. Gl'interni sono interamente ristaurati, e non danno nessuna idea di ciò ch'erano un tempo, ma l'architettura esterna è interessantissima. Se ci fosse stata conservata qual era al tempo in cui fioriva la repubblica, Ragusa presenterebbe ben maggiore attrattiva; ma nessuna città fu mai più crudelmente provata. Il 21 marzo 1023, il giorno di san Benedetto, quasi tutta la città fu distrutta da un incendio; nel 1296 e nel 1459, scoppiarono altri incendi, e non rimase in piedi altro che il Tesoro e gli Archivi; poi, nel 1667, uno spaventoso terremoto non lasciò sussistere che la base dei monumenti. Fu come il segnale della decadenza di Ragusa; infatti, può dirsi che essa non si rialzò più mai da quest'ultimo disastro. Ci fu da parte degli abitanti un'incredibile ostinazione in occupare la stessa area, e tutte le generazioni che si succedevano, seguirono le stesse orme, giacché tutte furono esposte allo stesso pericolo: ogni vent'anni, dal secolo decimosettimo sino al 1843, lo stesso cataclisma ha colpita la città, ma non si rinnovò mai un disastro come quello del 1667. Il palazzo del Rettore ha conservato il pianterreno intatto, ma il primo piano e il tetto sono scomparsi. Il cortile è elegante, e ricorda quelli de' bei palazzi italiani; ivi si eleva la statua di Michele Prazzato cittadino dell'isola di Mezzo, il quale verso il 1628, morendo, offrì allo Stato un dono considerevole in danaro.

La Dogana è di stile veneziano; la sua facciata è decorata a pianterreno d'un portico, e al primo piano d'una grande apertura ogivale a tre imposte, con due altre semplici aperture semplici da ciascun lato. Nell'interno s'apre un cortile con archi e colonne tutt'ingiro, e sotto il portico trovansi i magazzini, ciascuno col nome di un santo. Alcune iscrizioni indicano l'uso cui era consacrato il monumento: "Date a Cesare quel ch'è di Cesare"; e quest'altra più originale: "Pondero cum merces ponderat ipse Deus" (Quando peso le merci, anche Dio le pesa). La Zecca era nello stesso locale, e là fondevano il metallo e lo coniavano colla effigie della Repubblica. È uno de' rari monumenti ragusei sopravvissuti alla scossa del 1667.

Le chiese sono innumerevoli, considerando la dimensione della città. Come a Venezia, ciascuna famiglia voleva avere la propria cappella, la quale diventava un tempio; i Ragusei passarono sempre per campioni della religione cattolica, e il loro zelo si mostra in tutti gli atti e nella legislazione. Il numero delle reliquie contenute in queste chiese è incredibile; era una specialità di Ragusa: ogni ricco viaggiatore venuto da paesi lontani, si recava ad onore di portar una reliquia nuova, e Appendini, il miglior storico della Repubblica, ha consacrato un lunghissimo capitolo all'enumerazione di ciascuna di esse. Il P. Cerva e il matematico Natale, due altri storici di Ragusa, hanno divotamente steso il catalogo di queste ricchezze. Essi attribuiscono una tale quantità di reliquie ai doni dei re e delle regine di Bosnia e degli illustri protettori della Repubblica reduci dai luoghi santi; credono inoltre che, dopo le invasioni de' Turchi in Bosnia, in Serbia, in Bulgaria, in Albania, in Grecia, questo ultimi avendo portata via la maggior parte delle reliquie, spogliandone i templi, i commercianti di Ragusa, che percorrevano il mondo intero per i loro negozi, si fecero un punto d'onore di restituirle a un paese cristiano, comperandole dagli infedeli.

Il massimo numero è riunito in un'ampia cappella della cattedrale, chiamata il Reliquario. È difficile veder questo tesoro. Contiene ricchezze considerevoli, giacché i cranii, le braccia, le gambe, le ossa diverse, così come le stoffe e i minuti oggetti, stanno riposti entro cassette, calici, scatole, ostensorii d'oro, d'argento, di cristallo di rocca; tutte coteste materie preziose formano un complesso d'altissimo prezzo. Le reliquie sparse o di poco valore per la dimensione, giacciono riunite in una grand'urna d'oro. La cappella è aperta soltanto nei giorni di festa, quando le reliquie devono essere portate in processione, e al tempo della Repubblica ci voleva la pre-

IL CHIOSTRO DEL CONVENTO DEI FRANCESCANI, A RAGUSA

FACCIATA DELLA CHIESA DEI FRANCESCANI DI RAGUSA

senza espressa di due senatori per assistere all'apertura. Salvo questa cappella, la cattedrale di San Biagio non ha nulla di rilevante. Benché sia ricca d'ornamenti.

Le chiese e i conventi de' Francescani sono spaziosi; ho riportata la veduta del più bello de' loro chiostri; la libreria e la collezione di manoscritti de' monaci hanno molto interesse. La chiesa, che dipende dal convento de' Francescani, si chiama chiesa del Redentore; essa fu eretta in seguito a un voto fatto dai nobili di Ragusa nel terremoto del 1520.

Se, attraversando lo Stradone in tutta la lunghezza, si esce dalla città per la torre dell'Orologio, si arriva alla *Porta di mare*, attraversando ancora delle strade coperte e numerose cinte fortificate. Là giunti, si ha a destra il porto di Ragusa, riparatissimo e molto pittoresco, ma di piccole dimensioni e buono soltanto per i pescatori e il commercio quotidiano. Quando uscii la prima volta, le ragazze della Croma, di Breno e di Ragusa Vecchia lasciavano il mercato e salivano a bordo delle loro feluche per guadagnare i nativi villaggi. Avevo già veduta questa scena a Zara; ma è sempre uno spettacolo seducente il veder cotesti battelli dalle forme antiche, pieni di graziose ragazze, che, ritte in piedi, stivate le une contro le altre, vogano quasi sempre cantando.

Anche la *Porta di mare* sbocca sul *Borgo Plocce*: è l'entrata della strada di Tregibne; l'Erzegovina è a pochi passi, e le donne di cotesto paese vengono ogni giorno al mercato; il loro vestiario è diversissimo da quello delle donne di Ragusa e di Breno, ed è tutto quanto di più colorito e di più caratteristico ho veduto in Dalmazia. A Borgo Plocce sorge il *Caravanserraglio de' Turchi*, con una cinta per i greggi; lì si prendono alcune cure contro l'epizoozia, e, in una piccola baracca in cui sta un impiegato austriaco, è venduto il sale alle carovane che, venute a portare i loro prodotti, ritornano colle spezie acquistate a Ragusa.

Giova osservare sulla carta la scarsa profondità del territorio dalmata tra Ragusa e il mare: è assolutamente una lista di stoffa, e fa meraviglia che una civiltà raffinatissima abbia potuto svilupparsi su questa rupe di

Ragusa, mentre, a pochi passi di là, i sudditi del sultano vivevano in una completa barbarie.

Volendo si può voltare a mano sinistra, e da Borgo Plocce recarsi a Borgo Pille senza attraversare lo Stradone, costeggiando i fossi della fortezza; gli stranieri devono anzi fare cotesto tragitto; lì non c'è un pollice di terra, si sdrucciola sulla roccia bigia, granito o marmo lisciato dall'uso, e a destra la montagna, che sorge ad altezza enorme, è coronata dal *Forte Imperiale*, costruito dai Francesi nella loro occupazione.

Capitolo XXIV

Abbiamo visitata la città; senza esagerarne l'interesse diciamo che parla all'immaginazione colla sua storia, la saggezza del suo governo, la dignità de' suoi abitanti, e lo stupendo spettacolo presentato al mondo da questo cantuccio di terra dal 656, data della costituzione dello Stato, fino alla sua caduta, che fu al principio di questo secolo.

Riepilogherò rapidissimamente i fatti principali, attingendoli alle migliori e più autentiche fonti; poi, per portar la mia parte personale di ricerche e di documenti storici, volgerò uno sguardo sulle relazioni della Francia colla repubblica di Ragusa, desumendole da carte di Stato non mai compulsate e appartenenti agli archivi, fin qui segreti, del ministero degli affari esteri. Queste carte consistono in relazioni e dispacci scritti da agenti politici e commerciali francesi, accreditati presso questo piccolo Stato.

Ho raccontata diffusamente la nascita di Spalato; l'origine di Ragusa è identica: anch'essa è dovuta all'invasione de' Barbari che distrussero Salona. Parte de' Salonitani si rifugiò su questa rupe, volse le spalle a Gravosa, troppo alla riva del mare, e cercò la baia inaccessibile di Ragusa e la sua cinta nascosta. Già l'Epidauro antica era stata dai Goti saccheggiata (265); dopo parecchi secoli, alcuni degli abitanti scoprirono questa insenatura e quest'altipiano: cotesti rimasugli di due grandi città si unirono, e formarono il nuovo popolo di Ragusa. Per una singolare anomalia, l'antica area d'Epidauro fu rifabbricata, ridiventò una città, e chiamossi a sua volta *Ragusa Vecchia*.

Dal 656 al 949, la città allargò tre volte la sua cerchia, ma non cadde mai in pensiero dei Ragusei di scegliere un luogo più propizio al futuro suo sviluppo. Giacché la sicurezza era la loro prima legge: nata dall'invasione, Ragusa paventava l'invasione. Il suo ingrandimento è attribuito principalmente a Paulimiro, nipote del

VEDUTA GENERALE DI RAGUSA

re di Croazia Radoslao V, spodestato dal proprio figlio. Paulimiro si era rifugiato a Roma; i suoi sudditi lo richiamarono dopo la morte dello zio; egli fece un lungo soggiorno a Ragusa, e per rimeritare l'ospitalità de' cittadini circondò la città con una cinta fortificata, eresse la chiesa di San Sergio, quella di San Stefano, e ottenne dal Santo Padre che il vescovo d'Epidauro lasciasse la sua sede di Breno per risiedere a Ragusa.

La nuova città era circondata da nemici: sul mare aveva i pirati, e sulla terra, alle sue porte, gli Slavi di Trebigne; tuttavia essa si sviluppava, la necessità rendeva gli abitanti industri, già rivelavansi abili marinai; costruirono due arsenali, equipaggiarono una galea e buon numero di piccole navi armate per corseggiare, aggiunsero delle torri alle fortificazioni, e un giorno in cui uno di coloro che li minacciavano più vivamente, il pirata saracino Spucento, ancorava nelle loro acque, l'assalirono e s'impossessarono della sua flotta e della sua persona. Fu il primo lampo della celebrità di Ragusa; ben presto cotesta vittoria, riportata nel 788, divenne così leggendaria, da farla attribuire a Orlando, al paladino Orlando, che è il paladino del mondo intero, giacché questo personaggio, nell'Adriatico, è l'Ercole antico che atterra i mostri, è l'Antar degli Orientali, l'Adamastorre e il Teseo: e l'anfiteatro romano di Pola è spesso chiamato *Casa di Orlando*. Non riferisco questo fatto come una particolarità delle leggende storiche, ma perché il vincitore di Spucento, personificato in questo Orlando apocrifo, fu simboleggiato in una statua enorme, armata dal capo alle piante, eretta sulla piazza pubblica di Ragusa, tra il palazzo e la Dogana. Le vicissitudini dei tempi la fecero scomparire, ma la rinnovarono sempre, e sussiste ancora in un piccolo quadrato a fianco dell'uscita dello Stradone sul mare, nel luogo dove s'innalzava il vessillo della Repubblica ne' suoi ultimi tempi.

Più alti destini maturano per Ragusa: nell'831 i Trebignesi l'assaltano, essa li sconfigge, e il trattato di pace, steso da commercianti abili, che sanno cosa possono aspettarsi dalle condizioni imposte e dai nemici vinti. È certo la prima sorgente del loro incredibile sviluppo. Stipulano la libertà di commercio colla parte oggi turca dell'Erzegovina, della Bosnia e de' Balcani; si fanno cedere la terra che loro manca per piantar viti, grano e pascolare i greggi; in ricambio, accordano la libertà di commercio con loro senza pastoie. Nell'867, i Saracini saccheggiano Budua, Pisano, Cattaro, e assalgono Ragusa; la città si difende quindici mesi; Basilio, imperator d'Oriente, le invia in aiuto cento navi, e i Saracini sono forzati a ritirarsi a Bari. Il papa, il re di Francia, e l'imperatore d'Oriente fanno alleanza, e Ragusa, questa città di pochi metri quadrati, prende posto tra i campioni della civiltà che vanno a purgar l'Italia dagli infedeli. Si adunano anzi a Ragusa, con un armata potente, assediano Bari, e la prendono, ma solo dopo quattro anni d'assedio (871).

Alla fine del nono secolo comincia a spuntare la rivalità tra Venezia e la repubblica ragusea. I pirati narentini, di cui ho parlato a proposito degli Uscocchi, devastano l'Adriatico; Venezia li combatte, e si serve di questo pretesto per approdare un giorno a Ragusa; sulle prime, essa mostra intenzioni pacifiche. Una divisione di galee occupa la baia di Gravosa, l'altra ha gettata l'ancora dirimpetto all'isola di Lacroma. L'ammiraglio scende a terra, rende visita al Senato; viene al solo intento di rifornirsi di viveri. Per altro, un prete che ha veduto in sogno san Biagio, avverte i senatori dei progetti dei Veneziani; i Ragusei corrono alle armi, la guarnigione veglia ai bastioni. Quando l'ammiraglio, al mattino, vede i Ragusei pronti alla difesa, leva l'ancora, non senza aver tentato un attacco, che viene respinto! Al prete, per nome Stojco, fu data la prebenda di Santo Stefano; e da quel giorno, come già dissi, san Biagio divenne il primo protettore della Repubblica: gli fecero erigere un tempio, e posero la sua immagine sul sigillo dello Stato e sulla bandiera nazionale.

I dissensi tra Venezia e Ragusa aumentano in seguito alla presa d'una galea fatta da marinai del Senato di Venezia. Gli inviati ragusei, incaricati di protestare, non ottengono nessuna soddisfazione. Alleati dell'imperator greco, i Ragusei ricorrono a lui; poco dopo, Cesare III propone loro un'alleanza offensiva e difensiva contro il nemico comune, che si arroga impudentemente la sovranità dell'Adriatico. Chiede a Ragusa ottanta piloti sperimentati per la flotta, e tre nobili tra i più intelligenti, i quali, d'accordo col capitano generale delle galee d'Oriente, dirigeranno una spedizione nello scopo d'umiliare il nemico comune.

È curioso il vedere come in ogni trattato concluso tra uno Stato qualunque e la Repubblica di Ragusa, questi arditi navigatori e sottili commercianti, che hanno il genio del traffico, introducano delle clausole apparentemente poco importanti, ma dalle quali poi cavano vantaggi straordinari. Accettano tutte le proposte di Cesare III, e gli chiedono in cambio la facoltà di commerciare liberamente con tutto l'Oriente. La lega è denunziata ai Veneziani, i quali fanno allora un tentativo di conciliazione; il piccolo Stato di Ragusa accoglie con prudenza, ma con fermezza, le scuse del gran Senato di San Marco; deplora che l'ammiraglio veneziano venuto ad assalirli fosse animato da sentimenti che non sono quelli de' "Magnifici"; protesta d'esser sempre stato amico di Venezia, e non aspettar che un'occasione per provarlo; ma al tempo stesso aggiunge essere troppo tardi per rinunziare all'alleanza con Cesare. La flotta d'Oriente entra nel porto di Ragusa, i piloti salgono a bordo, il senato delega uno de' più illustri senatori per assistere l'ammiraglio di Cesare, e le navi vogano verso Venezia (983). Questa spedizione non fu spinta all'estremo; il Senato veneto fece una transazione, e pagò un tributo.

Quanto non doveva soffrirne l'orgoglio de' Veneziani! Alcuni anni dopo, la sorte della repubblica di San Marco era più prospera; essa riportava una vittoria considerevole contro i pirati narentini, e le due repubbliche rivali conclusero un trattato di commercio favorevole alle due città (1001). In questo torno di tempo, il territorio dell'antica Epidauro prende una certa estensione; era una rupe arida, abitata da cittadini virili, industri, saggi, ormai ricchi, già letterati; essi hanno la fortuna di ricevere in dono, dal re di Dalmazia e di Croazia, Stefano, un territorio di venticinque miglia di lunghezza, che comprende la valle di Breno, Ombla, Gravosa e Malfi. Questo re Stefano, in una grave malattia, aveva visitata la chiesa di Santo Stefano e ricuperata la salute, e volle in quel modo dimostrare la sua gratitudine ai Ragusei. In ciascuna delle città che diede alla piccola Repubblica, fondò una nuova chiesa, e contrasse tale amicizia coi cittadini, pose in loro tale fiducia che, quando morì, la sua vedova Margherita scelse la città di Ragusa per luogo di ritiro.

È una delle grandi particolarità di Ragusa, e il supremo suo onore, l'aver servito di asilo inviolabile a tutti i principi o sovrani spodestati d'ogni razza, d'ogni paese. Spesso pagò cara la nobiltà di sentimenti, da lei eretta in legge fondamentale. Margherita si era appena rifugiata tra i Ragusei, quando il successore di suo marito, Radoslao V, chiese che gli consegnassero la regina vedova. Rigettata la domanda, il re venne ad assediar la città: questa lo respinse, ma soffrì molto dagli assalti, giacché i suoi ricchi sobborghi furono distrutti.

Per un singolare rivolgimento delle cose di quaggiù, morto questo medesimo Radoslao V, la sua vedova Siva e suo figlio Silvestro chiesero asilo a questa Ragusa a cui il loro marito e padre aveva fatto un delitto della generosa ospitalità; e Silvestro avendo poi ricuperato il trono, Ragusa ricevette da lui, per dono di riconoscenza, le isole di Calamotta, le quali accrebbero ancora il piccolo territorio. È il gruppo delle Elafiti, davanti al quale siamo passati nell'arrivare a Ragusa.

Non siamo ancora che all'undicesimo secolo, e già la piccola Repubblica, se è escita vittoriosa dalle difficoltà che l'hanno assalita, ha per altro avuto a difendersi contro potenti nemici. Essa tocca a un periodo solenne della sua storia, e quel magnanimo privilegio del diritto d'asilo, ch'essa intende esercitare verso tutti e contro tutti, la porterà all'orlo della rovina.

Profondi dissensi avevano armato Bodino, usurpatore del trono di Serbia, contro suo zio Radoslao V e i figli di quest'ultimo. In seguito ad atti di alto tradimento contro questi infelici, tutti i loro affini cercarono un asilo ove sfuggire all'odio di Bodino, il quale non si sentiva sicuro sul trono, finché rimanesse un rappresentante della stirpe di suo zio; vennero dunque a ricoverarsi a Ragusa, dove, vicino ai monti di Lacroma, godevano alcuni possessi provenienti dallo sfortunato Radoslao e da sua moglie Giuliana. Ma appena vi sono rifugiati, ecco Bodino inviare un emissario al Senato di Ragusa, esigendo che gli consegnino i parenti dello zio, colpevoli, diceva, di alto tradimento verso di lui. Se il Senato ricusa, il vincitore della Bosnia e della Rascia "volerà come un'aquila a distruggere Ragusa". La risposta del Senato fu commovente, e mi piace citarla tutt'intera. Operavano per un sentimento profondo di equità, o facevano un calcolo fondato su quel presentimento così giusto, che loro aveva fatto già tante volte indovinare il vincitore definitivo tra coteste vittime momentanee delle discordie civili? Il fatto sta che il diritto d'asilo è affermato dai Ragusei con autorità, la quale avrebbe ragion d'essere soltanto per uno di que' grandi Stati odierni, capaci di sostenere la propria opinione contro delle coalizioni armate. La fermezza della risposta e l'audacia delle pretese paiono davvero sproporzionate all'esiguità di territorio.

"Confidando nel pensiero che potremmo un giorno, colla nostra mediazione, riconciliarvi coi vostri parenti, li abbiamo accolti tra noi, e li trattiamo secondo il loro grado e il loro merito. È tradizione della nostra città di non ricusar mai asilo a chicchessia. A coloro che lo implorano non chiediamo altri diritti che la loro avversità; e non dovete aver a male che i vostri parenti rimangano tra noi finché siate convinto della loro innocenza. Essi vi riconoscono per sovrano di tutti gli Stati che occupate; vi domandano la libertà dei loro, e il diritto di godere in pace delle poche parcelle di terreno lasciate qui dal re Radoslao V. Preghiamo Dio affinché, come nella causa di Siva, in quella di Silvestro, in quella di Dosbroslav, ci conceda la fortuna di riconciliare le vostre famiglie".

Fino dal giorno in cui avevano ricevuta la comunicazione di Bodino, i Ragusei, fermamente decisi a ricusare l'estradizione, avevano avvertito i loro concittadini stabiliti in Serbia e in Rascia per il loro commercio, d'abbandonare gli Stati di quel sovrano. Appena ricevuta la risposta, Bodino s'avanzò con un esercito considerevole, e piantando il campo sulle cime del monte Bergato, pose l'assedio alla città. Questo assedio durò sette anni: gli assediati fecero prova di un valore poco comune. L'esercito di Bodino s'ammutinò in seguito ad atti di crudeltà e ai sanguinosi supplizi de' parenti di Radoslao: il re di Serbia dovette levar l'assedio, ma non senza lasciare una forte guarnigione sull'altipiano, ora occupato dalla chiesa di San Nicola. L'arcivescovo di Ragusa e l'abbate del convento di Lacroma presero in tali circostanze una di quelle risoluzioni eroiche, che hanno talvolta salvato in casi disperati. Si recarono in gran pompa al campo di Bodino. E in nome del Dio vivente gli rimproverarono gli omicidii freddamente commessi. Toccato dalla grazia, Bodino s'umiliò e fece innalzare alle vittime, sullo scoglio di Lacroma, una tomba, della quale, dopo otto secoli, rimangono ancora delle vestigia visibili. Questi racconti, disseppelliti da cronache antichissime, pigliano a un tratto un singolare rilievo e un accento particolare di verità quando li corrobora la testimonianza irrecusabile d'un monumento. È vero che qui si tratta di rovine informi, ma gli scrittori del secolo passato hanno veduto e descritto minuziosamente questo monumento d'espiazione.

L'assedio tuttavia non era interamente levato, giacché i Serbi occupavano il castello; i Ragusei se ne impadronirono per astuzia, il giorno di Pasqua dell'anno 1111, e per celebrare l'avvenimento, rasero al suolo il fortilizio e costruirono la chiesa di San Nicola. È la data d'un ingrandimento considerevole della città di Ragusa; fu colmato un canale all'estremità dello Stradone per farvi una piazza pubblica, e, verso quel tempo, la Repubblica ricevette ancora in omaggio l'isola di Neleda, ceduta dal figlio d'Urosh I, il famoso re di Serbia, che emancipò il suo paese dalla supremazia della corte di Bisanzio.

L'anno 1159 vede ancora Ragusa assediata. Questa volta è minacciata da Barich, re di Bosnia, i cui sudditi, in conseguenza di uno scisma religioso, s'erano rifugiati a Ragusa. È ancora il diritto d'asilo che attira la folgore sopra Ragusa, ma a questo diritto altamente reclamato si mescolava l'interesse della religione. Barich muove con diecimila uomini, e mette Breno a fuoco e sangue; davanti alla ferma attitudine del nemico, si ritira momentaneamente, annunziando il suo ritorno per l'anno seguente. Ragusa non lo aspetta: essa si allea a Cattaro, a Dulcigno, a Perasto, e, con un esercito di confederati, marcia direttamente contro Trebigne, riportando una tal vittoria, che Barich firma una pace quasi vergognosa. Sempre fedeli alle loro massime, i grandi commercianti, divenuti valorosi soldati, scrivono ne' trattati la clausola seguente: "I Ragusei nella Bosnia e i Bosniaci a Ragusa potranno commerciare e scambiare senza dazi e senza imposte. – Verrà indennizzata la Repubblica delle spese di guerra. – Ogni anno, a titolo d'omaggio, il bano di Bosnia spedirà al Senato due cani da caccia e due cavalli bianchi (1160).

Tali successi cominciavano a maravigliare il mondo, e da varie parti si ricercava l'alleanza di Ragusa. Già da lunghi anni la Repubblica aveva fatto un patto coll'Impero greco; e verso il 1172, le città di Dalmazia, continuamente minacciate, avevano anch'esse domandata la protezione di Bisanzio: Venezia vide con occhio geloso sfuggirle questa tutela; essa armò una flotta di venti navi e cento galee, e il doge Vitali assaltò i porti. La volta di Ragusa era venuta; ma i Veneziani avevano per principale obbiettivo le isole dell'Arcipelago greco, e la resistenza di Ragusa cambiando il carattere della spedizione, che avevano presunto di condurre più rapidamente, Vitale levò l'ancora per andare a assaltarle. Per la prima volta, la storia di Ragusa registra delle discordie civili abbastanza gravi perché il Senato stesso reclami una protezione da lui sin allora riguardata come fatalissima a invocare. Il capo della Repubblica o rettore, a termini della costituzione di quel tempo, usciva ogni anno di carica; Damiano Judas, con le sue liberalità, aveva comperati i soldati, e rimaneva in carica da due anni, impedendo le riunioni del Consiglio e assumendo la dittatura. Un suo genero, Pietro Benessa, raccolse intorno a sé alcuni nobili, e propose d'appellarsi ai Veneziani, nonostante il pericolo dell'impresa. Era un correre alla servitù;

tuttavia decisero di seguire quel disegno. Benessa partì per Venezia, trattò colla Signoria, e questa gli diede due galee, le quali portavano al tempo stesso un'ambasciata a Costantinopoli. Nel ritorno, si fermò a Ragusa come se tornasse da un viaggio, e invitò Damiano a venire a bordo delle navi per veder i doni destinati all'imperatore di Bisanzio; ma al primo metter piede sul ponte, Judas fu incatenato, ed egli si spezzò la testa contro le sponde.

Il pericolo per altro apparve ben presto; il senato di San Marco impose un governatore, Lorenzo Quirini, e forzò la piccola repubblica a aiutarlo in tutte le sue guerre. Ci volle una mente politica di prim'ordine o delle circostanze fortunate per sfuggire a quella dura tutela; Ragusa si era fabbricata da sé le proprie catene. Dal 1237 al 1316, pur lasciando a questo Staterello la sua forma di governo, l'elezione dei magistrati, le istituzioni, la bandiera, il senato di Venezia vi ebbe un'alta influenza, e fu quasi sovrano. Tuttavia i Ragusei riuscirono a limitare a due anni la durata del potere del governatore, e per via di alleanze, dichiarate o segrete, si sottrassero alla pericolosa tutela del leone di San Marco. Dapprima si allearono ai Cattarini, o, come oggi si direbbe, ai *Bocchesi* o abitanti delle Bocche di Cattaro. A dispetto di Giovanni Dandalo, successore del governator Lorenzo Quirini, ricercarono altresì l'amicizia dei sovrani di Slavonia, e quella del re Luigi d'Ungheria, di cui indovinarono il glorioso avvenire. Nell'anno 1345 gl'inviarono un ambasciatore, Elio Saraca, loro arcivescovo, e, una volta sottoscritto il trattato, alla prima domanda di sussidii e di contribuzioni di galee fatta dai Veneziani risposero non con un rifiuto, ma col pigliar tempo. Nel 1358, quasi tutta la Dalmazia era perduta per Venezia, e caduta nelle mani di re Luigi d'Ungheria; facendo il trattato di pace, il senato di San Marco immaginò di cedere a quest'ultimo il territorio di Ragusa, che non gli apparteneva menomamente; già Saraca aveva stretti i vincoli tra l'Ungheria e la Repubblica, e l'autorità, la quale era soltanto nominativa, grazie alla domanda fatta in addietro da Benessa, fu ben riconosciuta dall'Ungheria, ma tenuta nei giusti limiti.

Nel 1359, al governatore inviato dal senato e scelto dal Gran Consiglio furono sostituiti tre patrizi ragusei, col titolo di *rettori*. È una data importante nella storia civile di questo paese, giacché coincide con riacquisto della libertà. Questo cambiamento si fece con cortesia, e la grande Repubblica, padrona dell'Adriatico, potè abbandonare la tutela senza parer umiliata da quei politici minuscoli, che occupavano un punto impercettibile del mondo, e pur avevano già saputo conciliarsi le più potenti alleanze.

Il lettore noterà che fin qui, né trattando di Venezia, né discorrendo di Ragusa, non abbiamo mai parlato del potere dei Turchi e della loro ingerenza negli affari delle due nazioni; la ragione è che questo possente Impero, il quale a poco a poco va estendendosi colla conquista e ben presto domina fino alle rive della Sava e della Unna, fino al Danubio dal lato di Pest, e minaccia l'Impero di Germania sotto le mura di Vienna; quest'Impero ottomano è ancora contenuto nei suoi confini orientali, e non ha fatto invasione in Europa. Per la prima volta, nel 1341, l'imperatore greco che regna a Bisanzio, Cantacuzeno, chiama in aiuto il sultano, e, centododici anni dopo, Maometto II entrerà vincitore in Costantinopoli, alla testa di quelle orde che non si fermeranno più se non sotto alle mura di Vienna. Nel 1358, i Ragusei intuiscono a qual avvenire è chiamata quella razza nuova che apparisce nelle regioni vicine al loro paese, e in quell'anno inviano un ambasciatore all'emiro Orcano. Ragusa si offre di pagargli cinquecento zecchini ogni anno, e chiede tutti i privilegi commerciali e tutti i vantaggi che può ottenere; non contenta d'esser la nemica di Venezia, essa ha indovinato nel Turco l'eterno e potente nemico di San Marco; se ne fa un protettore, e sarà il suo primo alleato in Europa.

Alternativamente ospitale a tutti gl'infortunii, usando riguardi a un tempo agli Ungheresi e al Turco, la Repubblica, pur svolgendo il commercio e aumentando la flotta, non trascura nessuna occasione d'ingrandire il suo piccolo territorio. Nel 1427 compera dal voivoda Rodoslao Paulovich il distretto di *Canali* per la somma di ottantamila zecchini d'oro. Ci voleva molta diplomazia per guarentirsi da vicini potenti come gli Ungheresi e i Turchi; quando questi ultimi furono padroni di tutta la Bosnia, tentarono d'incorporare Ragusa, passare il monte Velebit e avanzarsi fino al mare; ma il Senato, di fronte a questo supremo pericolo, invocò il trattato d'alleanza conchiuso quasi un secolo prima con Orcano: mostrò quali sforzi avesse dovuto fare per dichiararsi sin d'allora amico e alleato dei Turchi, diede per prova della sua lealtà il rifiuto d'acquistar Trebigne dal voivoda Paulovich, e quello d'accettar Kraina e Almissa dalle mani della regina d'Ungheria. Una nuova difficoltà sorse poi tra il Gran Turco e Ragusa, a causa della fedeltà de' Ragusei alla loro massima immutabile di concedere il diritto d'asilo ai fuggitivi. Giorgio, re di Serbia, fuggito da Antivari, erasi rifugiato tra loro con tutti i suoi tesori. Il sultano Amurat reclamò il suo nemico: il Senato, questa volta, pur affermando più che mai il proprio diritto, usò un sotterfugio; equipaggiò una galea e spedì Giorgio in sicuro a Scardona, donde potè guadagnar Budua. In tale occasione fu incisa sopra una delle porte la seguente iscrizione: "Da questa porta, Giorgio è entrato con tutti i suoi tesori", e sopra l'altra: "Da questa porta, Giorgio è uscito con tutti i suoi tesori". Amurat fu disarmato da siffatta generosità, e si contentò di ricevere i doni del Senato.

Dopo varie peripezie, che posero spesso in pericolo l'esistenza della Repubblica, arriviamo alla presa di Costantinopoli. La Tracia, la Serbia, la Bosnia, l'Erzegovina, l'Albania e una parte dell'Ungheria sono in mano dei Turchi; essi han bisogno del mare (1460). Maometto II s'impadronisce dei porti della Dalmazia, e la sua flotta avanza verso Ragusa. Gli abitanti sono atterriti; il Senato non ha alleati, non è il caso di pensare a resistere a un tal nemico. Dietro consiglio d'un governatore delle provincie vicine, il pascià di Rumelia, Ragusa, invece di tentar di combattere, invia un'ambasciata al sultano. Questi chiede agli ambasciatori la cessione di tutto il territorio, dichiarando che la sede della Repubblica, cioè la città compresa nella cinta, conserverà l'indipendenza. Nicolò Serafino, uno dei senatori più accorti, opinò che i magistrati rispondessero al sultano che sarebbe fatto come egli desiderava; ma che Ragusa spogliata del suo territorio e ridotta senza difesa, sarebbe costretta a darsi al re d'Ungheria. Il sotterfugio riuscì, e Maometto II levò l'assedio.

Dal 1461 al 1464 i Ragusei pigliano nuove disposizioni per fortificar la città; ma un incendio formidabile la distrugge tutt'intera, ad eccezione di due monumenti, e gli Archivi; infine scoppia la peste; essa dura tre anni, e uccide due mila cittadini.

Circondati ormai d'ogni parte da nemici formidabili, i Ragusei non possono più pensare ad ampliare il territorio; mutano politica, e cercano l'illustrazione del paese e la ricchezza materiale unicamente nel commercio, nelle arti, nell'industria. Tentano un colpo da maestro: appoggiandosi sulla loro fedeltà verso la Santa Sede, e sul loro attaccamento alla religione cattolica, i Ragusei ottengono dal papa l'autorizzazione di commerciare cogli infedeli, e verso la fine del decimoquinto secolo (1484), nonostante la difficile situazione politica, giungono a tal grado di prosperità da diventare i fornitori dell'Europa; hanno banchi in Francia, in Ispagna, in Inghilterra, in Italia, in tutto l'Oriente, e godono d'una ricchezza inaudita. I Veneziani suscitano loro degli imbarazzi in ogni occasione; ma al momento in cui la lega di Cambrai li mette all'orlo della rovina, restituiscono ai Ragusei certi vantaggi loro tolti nel 1484. Un nuovo disastro li colpisce: un mercante d'Ancona porta a Ragusa la peste, la quale infierisce con tal forza, che la città è ufficialmente abbandonata. Il Senato si trasporta a Gravosa, non lasciando in Ragusa che duecento soldati e sei nobili, con due galee per custodire il porto. Il flagello dura sei mesi, ventimila cittadini soccombono. Appena Ragusa si è riavuta da una così terribile scossa, ecco comparire nuovi nemici nell'Adriatico: i Mori con ottanta navi, tentano d'impadronirsi della città; deboli, appena in grado di rannodarsi, i cittadini fanno prova di coraggio, e li respingono.

La prima metà del secolo decimosesto vedrà la Repubblica alle prese con Carlo Quinto: ma fedeli alle loro abitudini diplomatiche, i Ragusei non urteranno di fronte un tal nemico; riusciranno anzi a concludere con lui un'alleanza, ma al vedere ciò che essa costa a Ragusa, sorge spontanea la domanda, se sia preferibile avere il padrone del mondo per alleato o per nemico. Obbligati a fornirgli delle galee per le sue guerre continue, la Repubblica, nelle sole guerre di Spagna, perde trecento galee prestate a Carlo V; l'attacco contro Tunisi le costa diciotto galiote, il tentativo contro Algeri glie ne toglie otto, e quello contro Tripoli sei altre. La seconda metà del secolo è tutta quanta riempita dalla gran lotta di Venezia e dei Turchi. In mezzo a cotesti conflitti successivi, a due passi dal campo della guerra, Ragusa non cessa di commerciare; di tant'in tanto i belligeranti catturano le sue navi; essa reclama arditamente; ma quando, verso il 1571, la lega del papa, del re di Spagna e di Venezia contro l'impero ottomano riesce alla gran vittoria di Lepanto, Ragusa si sente terribilmente minacciata, e spedisce un'ambasciata a Paolo III. I collegati rispettano la sua neutralità, ma le è difficile, al ritorno da una vittoria, di non ricevere don Giovanni d'Austria e Vittoria Colonna, e il sultano vede di mal occhio le baldorie celebrate a Ragusa. Per altro, il rancore del Gran Signore si placa, e siccome, dopo che i Castigliani hanno perduto Tunisi e la Goletta, gli Spagnuoli e i Turchi hanno bisogno di un porto neutro sull'Adriatico, per scambiare i prigionieri fatti dall'una e dall'altra parte, scelgono Ragusa, il che le guarentisce l'indipendenza.

Il secolo decimosesto è il secolo della Riforma; una città come quella di cui raccontiamo la storia, in cui tutta la nobiltà si piccava di seguire il movimento della civiltà, non poteva sfuggire a quella gran corrente d'idee, il Senato usò una rara energia per preservarsi dallo scisma, ed espulse duramente coloro che avevano abbracciate le idee nuove. Ragusa rimase interamente cattolica.

Visitando Segna, abbiamo rapidamente tratteggiata la storia degli Uscocchi. La repubblica, per la situazione del suo territorio, non poteva sottrarsi alle complicazioni create da cotesti pirati: i Turchi, più d'una volta, la tennero responsabile dei loro misfatti. Gli Uscocchi scendevano alla costa, s'inoltravano fino a Trebigne, e riguadagnavano rapidamente la loro flotta; verso il 1612, siffatte depredazioni condussero i Turchi fin nel distretto di Canali, e Ragusa dovette entrar nella lega che, nel 1617, riuscì a internare que' malfattori nella Croazia. Queste nubi tra l'impero ottomano e la Repubblica si dissiparono presto; era forse una servitù per quest'ultima ma i vantaggi che ne traevano i Ragusei erano tali, che il Senato non pensò mai a sottrarvisi. Soddisfacenti del pari erano le relazioni dello Stato cogli altri potentati d'Europa, e Ragusa era giunta all'apogeo della potenza; quando, nel mattino del 6 aprile 1667, uno spaventoso terremoto scosse in tal guisa la città, da seppellire cinquemila abitanti sotto le macerie; le case, i monumenti, salvo la fortezza, il lazzaretto e alcuni basamenti di costruzioni massicce, andarono interamente distrutti. Bisogna leggere in Appendini e nel poema di Giacomo Palmotta la descrizione della catastrofe. Nel 1580 e nel 1639, due scosse avevano già sconvolto il suolo e causato alcuni disastri; ma il 6 aprile 1667, si scatenò nel pomeriggio una tempesta, le onde si sollevarono ad altezza straordinaria, le navi ancorate si frantumarono le une contro le altre, quasi tutti i preti della città rimasero schiacciati sotto le macerie delle chiese, scomparvero dei collegi interi di fanciulli. Al tempo stesso si propagava il fuoco, e, come uccelli di preda, tutti i Morlacchi de' dintorni accorsi al rumore del cataclisma, si precipitarono sulla città, abbandonandosi al saccheggio.

Il Senato per altro, nonostante la morte di gran numero dei suoi membri, e soprattutto di quella del rettore Ghetaldi, ripigliò le redini del comando; fece chiudere le porte, scacciò i Morlacchi, e diede ordine di sgomberare le vie. L'arcivescovo e un certo numero di monaci erano fuggiti ad Ancona, ma solo quattro famiglie seguirono il loro esempio. L'Europa intera si commosse a questo disastro di una città così florida e d'un popolo così coraggioso; Clemente IX si pose a capo d'un gran moto di simpatia in suo favore. Ma, checché facessero, fu il segnale della decadenza. La Repubblica godette tuttavia ancora d'una certa prosperità fino alla pace di

Passarowitz; Kara Mustafà fu il solo che non si lasciò intenerire da un così formidabile avvenimento, e, sotto un pretesto immaginario, assalì la città in rovina; gl'inviarono degli ambasciatori per scongiurare la sua collera, e poiché divisava d'assediar Vienna, egli differì la presa di Ragusa fino al ritorno; la sua morte giunse opportuna a liberar la Repubblica.

Il trattato di Carlowitz del 1699 e quello di Passarowitz del 1718 dissiparono i timori de' Ragusei rispetto all'alleanza dell'imperator Leopoldo, del re di Polonia e de' Veneziani, sotto gli auspizi di Innocenzo XII. Dal 1718 in poi non ci sono più argomenti di conflitto, ma la vitalità della nazione ragusea era esaurita, il fuoco sacro estinto; senza dubbio, la forma del governo sussiste, le leggi sono le medesime, le arti, le scienze sono in onore: ma la catastrofe del 1667 lasciò tracce troppo evidenti, e al principio del secolo decimonono i Francesi, cioè coloro stessi che avrebbero dovuto proteggere la piccola repubblica, nella loro smania di conquiste che li condurrà al disastro del 1815, decretano ch'essa ha cessato d'esistere.

Non esiste, ch'io sappia, nessun albergo propriamente detto nella cinta di Ragusa, e gli stranieri alloggiano solitamente fuori delle mura, nel borgo Pille. È facilissimo il trovare anche nella città un appartamento ammobigliato e una buona faccia d'oste o d'ostessa; il viaggiatore che vuol fare lunga dimora può, generalmente, trovar da accomodarsi per il vitto dove alloggia, benché, in tutti cotesti paesi meridionali, l'affare della colazione o del desinare, così importante per stomachi francesi, passi un po' in conversazione, sopratutto per le persone della classe di cui parlo. Nel mio soggiorno, conducendo una vita errante, non mi conveniva di tentar l'avventura; una trattoria relativamente ottima, colle pareti dipinte a fresco, – il che ha grand'importanza per me, nella scelta d'una trattoria, – riceve, all'ingresso della cinta, nel borgo Pille, gli ufficiali della guarnigione di Ragusa, la maggior parte stranieri, e gl'impiegati civili del governo austriaco. Ogni sera andavo là a pranzare; la colazione era facile farla nel gran caffè della piazza.

Passavo la vita all'aria aperta, sulle piazze, nelle vie, sopratutto nel mercato, in faccia ai bei vestiari delle *Canalesi* e delle *Brenesi*, venute da Canali e da Breno per vendere i loro prodotti. Ho fatto poche escursioni: quella di *Val d'Ombla* e quella della *Croma* sono indispensabili; oltr'essere due luoghi storici, sono anche molto pittoreschi, e talvolta, confinato in questa città senza orizzonte, chiusa da un lato dalle mura, dall'altro dalla prodigiosa rupe del monte Sergio, provavo il bisogno di riposar gli occhi su dei giardini e di prendere un bagno di verzura.

Non posso dire che la città sia animatissima; ma la domenica, quando la parte della popolazione che porta il vestiario nazionale ha indossato gli abiti della festa, e i contadini de' dintorni vengono alla messa nelle numerose chiese di Ragusa, lo spettacolo è molto seducente, perché il quadro è bellissimo. La città è di pulitezza maravigliosa; tutte le strade sono lastricate e tracciate

CASTELLO DELLA CROMA, PRESSO RAGUSA

regolarmente; le case, costruite di granito, paiono eternamente nuove; l'angolo della gran piazza, di cui abbiamo dato il disegno, dove si trovano riuniti la Dogana, il Palazzo e la chiesa, è degno d'una grandissima città, e ricorda i bei quartieri di Verona e di Vicenza, benché in proporzioni più ristrette. I facchini di Ragusa, in abito festivo, sogliono raccogliersi sugli scalini della chiesa, e il quadro piglia singolar rilievo quando que' personaggi occupano il davanti della scena.

Un luogo che ha impronta affatto particolare a Ragusa, è l'uscita dalla porta di Mare, sul *Borgo Plocce*, a cui ho già accennato. Non è più l'Europa, è l'Oriente, e un Oriente più pittoresco di quello popolarizzato dai pittori orientalisti. Il Turco non è pittoresco, o piuttosto, il pittoresco del Turco ci è così famigliare, che non ci presenta più nulla di piccante. Dei viaggiatori più arditi e più fortunati potranno avere maggior numero di

COSTUMI DEI CANALESI AL MERCATO DI RAGUSA

CONTADINI DEI DINTORNI DI RAGUSA

confronto, ma io ho veduta la Turchia d'Asia, la Turchia d'Europa, il Marocco, l'Algeria, e stimo che il bazar d'una città africana della costa dell'Algeria francese, o quello di Tangeri, di Tetuan, di Fez o di Smirne presentino i medesimi colori, le medesime forme, le medesime disposizioni: i soggetti e la cornice sono identici, e i personaggi hanno pure lo stesso gesto, lo stesso accento; pare che il maomettismo li formi tutti con uno medesimo stampo. Non ho nessuna famigliarità col tipo dei Maomettani indiani, e conosco pochi documenti figurati che ne indichino chiaramente il carattere etnografico; ma mi farebbe molta maraviglia se non ci fosse una correlazione decisa tra questi ultimi e i loro correligionari della Turchia. Gli Slavi del Sud, invece, tutti greci o cattolici, ma sudditi dell'impero ottomano; gli abitanti della Bosnia, dell'Erzegovina, della Bulgaria, della Serbia, e i Serbi del Montenegro, presentano una differenza

IL CARAVANSERRAGLIO DEI TURCHI, A BORGO PLOCCE

sensibilissima; aspetto esterno, portamento, gesto, carnagione, abito del corpo e fogge di vestire, tutto colpisce vivissimamente il viaggiatore, e lo interessa ben altrimenti: nel che appunto sta l'attrattiva principale del viaggio che qui descriviamo. Assistere a una fermata, all'ora del mezzodì, in un giorno di mercato, nel caravanserraglio di Borgo Pille, è una festa per il viaggiatore appassionato della luce e del colore, innamorato del pittoresco. Il Raguseo, la Canalese, la Brenese, l'Erzegovinese, il mulattiere turco, lo zaptiè o gendarme dell'Impero, l'ufficiale o l'impiegato austriaco, si aggruppano, appoggiati sotto un albero enorme d'un verde cupo, su fondi di muri bianchi, percossi da un sole implacabile; i grandi tetti di mattoni rossi prendono dei toni strillanti, e portano delle grandi ombre azzurrognole, fitte eppur trasparenti; il caso del disordine compone i gruppi come nessun pittore saprebbe mai disporli.

FONTANA DEL SEDICESIMO SECOLO
AL CARAVANSERRAGLIO DEI TURCHI, PRESSO RAGUSA

Il suolo è una roccia d'un bigio rosa; si cammina su questo lastrico naturale, che brucia i piedi e li fa sdrucciolare a ogni passo. Il fondo del quadro è bizzarro: una montagna enorme, pelata, bigia, sparsa di piccoli cespugli verdi, che paiono crescere negli interstizi degli strati di marmo; e questa montagna è così alta, che, se il suo profilo non s'incavasse in un angolo del quadro per lasciar brillare una nuvola d'azzurro cupo, l'occhio non avrebbe altro orizzonte oltre la rupe. Per fare un contrasto pieno d'attrattiva, il piccol porto di Ragusa è al disotto di questo terrazzo; sulle onde dell'Adriatico si cullano le caravelle e le polacre, e i bastioni del medio evo si avanzano come navi fin nel mare; nel fondo spiccano le cupe verzure de' giardini della Croma, e, in lontananza, le isole, azzurre come quelle di Capri, si sovrappongono le une sulle altre all'orizzonte dell'Adriatico.

COSTUMI TURCHI DI TREBIGNE,
AL CARAVANSERRAGLIO PRESSO RAGUSA

Capitolo XXV

Una prima volta al disopra di Sebenico, in una fermata tra Knin e la città, entro una bettola pericolosa; una seconda volta a Ragusa, in una semplice bottega di droghiere o di granaiuolo; un'altra volta infine a Borgo Pille, in un povero stambugio in cui vanno a bere, formando la carovana, lo *slivovitza*, acquavite di susine e bevanda nazionale; ho sentito cantare dai *guzlari* i canti nazionali della Serbia, che poi sentii con maggior piacere ancora a Belgrado e nel Montenegro.

È un soggetto pieno d'interesse per noi, soggetto altamente letterario; la prima volta che sorpresi uno di cotesti rapsodi, collo strumento in mano, intento a cantare con voce gutturale e tremula, sparsa di note di testa, ho provato non so qual acre sensazione più viva, più rara, più profonda di quella che prova chi per la prima volta, nelle montagne di Ronda, o in una *huerta* de' dintorni di Jaen, sorprenda, in mezzo ai loro divertimenti, un gruppo di Andalusi che cantino le loro allegre *coplas*, accompagnandosi colla chitarra.

Lo strumento è men che mediocre, è selvaggio: consta d'una corda di minugia unica sopra una specie di mandolino di pelle, con manico di lunghezza smisurata; l'archetto è un'altra minugia, che forma la corda d'un rozzo arco di legno. La guzla è appesa alla parete dell'osteria, come la chitarra o il *pandero* spagnuolo al muro della *posada*, e tra coloro che vanno lì a sedersi, colui che sa meglio i canti serbi, stacca lo strumento, e comincia a cantare. Ei tiene la Guzla tra le ginocchia, come fosse un violoncello, e preludia con delle voci di testa di tono altissimo; a poco a poco, la folla gli si aggruppa intorno, i presenti dapprima ascoltano con indifferenza, accudiscono intorno al cantatore alle faccende domestiche, lo disturbano, vanno, vengono, passano, entrano, escono; ma la sua voce si scalda, e gli astanti si raccolgono, si forma il circolo, i passanti si fermano; se uno entra, lo fa con precauzione, e tutti si

UN SUONATORE DI GUZLA IN UNA BOTTEGA DI RAGUSA

allogano in atteggiamenti svariatissimi, e si mettono ad ascoltare gravemente. Alcuni stanno ritti in piedi contro le pareti; altri, stesi su sacchi, accoccolati, seduti alla turca, rimangono immobili e muti; nessuno apre la bocca; se un passeggiero, assetato, vuol che gli servano il caffè o la bevanda del luogo, si accontenta di fare un segno. La voce del cantore intanto si è alzata, egli si eccita e i suoi occhi fluttuano; il verso slavo è rotto da singhiozzi singolari, che accentuano ciascuna frase del canto: non è certo musica, e direi volentieri che non c'è né melodia, né armonia, né forma, né suono; con tutto ciò la melopea uniforme ha un non so che d'attraente, di malinconico, di cupo, con dei lampi talvolta e degli accenni di trionfo. È come la storia del popolo serbo, pieno di tristezza e di speranza; è la loro Iliade, la loro Odissea, il loro romancero; a volte è altresì un'antologia e un idillio, un epitalamio o una canzone, il riflesso della vita del Serbo, la sua storia in versi, il racconto delle sue leggende, la glorificazione de' suoi eroi.

I milioni d'uomini che occupano la Bosnia, l'Erzegovina, l'Albania settentrionale, la Slavonia, la Dalmazia, parte dell'Istria, Batshka, la Sirmia, il Banato, il Montenegro e il principato di Serbia, hanno conservato questi poemi brani a brani; li cantano a Belgrado, a Zagabria o Agram, a Svornick, a Banyaluka, a Knin, a Sign, a Dernis, alle bocche di Cattaro e nel Montenegro: È una propaganda che sfugge a tutte le polizie de' sovrani, agli editti de' governi, alle brutalità de' zaptiè, agli hattisheriffi de' sultani: è l'arca santa de' popoli, che vi trovano un riflesso della grandezza passata, una consolazione ne' mali presenti, una speranza di libertà futura.

Nell'ora in cui scriviamo, sulle sponde della Drina, sulla Morava, sul Timok coi Serbi, sulle rive della Narenta co' Montenegrini, agli ultimi crepuscoli del giorno, all'ora del bivacco, quando la notte avvolge di repente i campi nell'ombra, prima d'addormentarsi sotto la volta del cielo o sotto la tela della tenda, colui che combatte per la patria deve certo mormorare cotesti canti epici, e nel campo slavo devono risonare a ogni passo le note della guzla, che ha trovato il suo posto nel bagaglio del soldato.

Questi canti serbi, che, divenuti così celebri, formano ora tutto un ramo di letteratura, e di cui la semplice bibliografia potrebbe comporre un intero volume, quarant'anni fa, fuori delle regioni slave, erano quasi assolutamente ignoti. In Francia, il primo a rivelarli fu Mérimée, e lo fece con uno stratagemma singolare. Egli finse di avere, in seguito, a un viaggio in Dalmazia, conosciuto, proprio ne' dintorni di Knin o in Knin stesso, un vecchio *guzlar*, e d'esser riuscito, grazie alla conoscenza della lingua serba, a scrivere sotto la sua dettatura tutta una serie di canti eroici e famigliari, e li pubblicò col titolo: *La Guzla*. Fu grande l'emozione in Francia; il pubblico gustò il sapore di que' canti di carattere nuovo, e le poesie slave vennero di moda. Alcuni anni dopo, l'accademico mistificatore, nella prefazione d'una nuova edizione pubblicata da Michele Lévy, dichiarò che, colla complicità del suo dotto amico Ampére, aveva inventato que' canti, i quali non erano altro che imitazioni di poesie originali, di cui aveva conosciuto il testo; e spingendo la burla più oltre, confessava che, avendo gran desiderio di visitar la Dalmazia per studiar le poesie slave, e mancando del denaro necessario, aveva intanto composta l'opera, venduto il manoscritto, consacrando poi la somma ricavata a fare il viaggio, per vedere se il libro era esatto.

La verità è che le poesie serbe hanno un carattere spiccatissimo, tantoché un uomo che abbia il sentimento del colore e dell'etnografia può imitarle. Ma Vuk Stephanivich Karadgitch fu il primo che abbia data un'idea chiara e precisa di cotesti canti nel suo volume intitolato: *Poesie nazionali, Proverbi e racconti popolari serbi*, materiale che servì a madama Dora d'Istria per comporre lo studio intitolato: *La nazionalità serba*. Herder li ha conosciuti per il primo in Europa. Nel 1823, un Serbo anonimo pubblicò a Lipsia i *Narodne Serbske pesme* (poesie nazionali serbe); ma essendo la lingua serba pochissimo conosciuta, queste poesie non furono giustamente apprezzate se non quando Mistress Robinson, sotto lo pseudonimo di *Talvi*, le ebbe tradotte in tedesco. Non ho la pretesa di citar qui tutto quanto fu pubblicato sull'argomento, ma grande fu la compiacenza quando, nel 1836, Tommaseo, il poeta italiano, – dalmato di nascita, – pubblicava i suoi *Canti popolari* (Venezia, 1839), tra cui faceva larghissima parte ai "Canti illirici".

La via era aperta. Dozon, console di Mostar, tradusse in francese le *Poesie popolari serbe*; anche gl'Inglesi se ne occuparono, e Cipriano Robert, sir Giovanni Browning, ecc. ecc., il poeta Mickiewicz ci iniziarono alle bellezze di cotesti canti nazionali.

L'importanza che attribuiamo a questo argomento si spiega facilmente riflettendo che, al pari dei rapsodi dell'antichità, i *guzlar* erranti hanno trovato nel loro genio poetico un infallibile mezzo di trasmettere alla posterità i nomi dei loro eroi, le vittorie e i dolori della stirpe serba. Nella sua lingua ispirata, Mickiewicz, uno dei più grandi poeti della stirpe slava, così caratterizza i canti serbi:

"Canti popolari, arca d'alleanza fra i tempi antichi e i tempi nuovi, in voi la nazione depone i trofei dei suoi eroi, in voi la speranza de' suoi pensieri, il fiore de' suoi sentimenti! Arca santa, nessun colpo ti intacca, ti spezza

I COSTUMI DEL DISTRETTO DI RAGUSA

finché il tuo proprio popolo non ti ha oltraggiata. O canzone popolare, tu sei la sentinella del tempio delle memorie nazionali, tu hai le ali e la voce d'un arcangelo, e spesso anche le armi! La fiamma divora le opere del pennello, i briganti saccheggiano i tesori, la canzone sfugge e sopravvive. Se le anime avvilite, non la sanno nutrire di rammarichi e di speranze, essa fugge nelle montagne, si attacca alle rovine, e là ridice i tempi antichi: così l'usignolo vola via da una casa incendiata e si posa un istante sul tetto; ma se il tetto cede, fugge nelle selve, e, con voce sonora, intona un canto di lutto ai viaggiatori tra le rovine e i sepolcri".

Per mostrare fino a qual punto cotesti canti si sono realmente trasmessi colla tradizione, senz'essere scritti, giova raccontare il modo con cui Stephanovitch potè comporne la prima raccolta un po' completa; egli andava di villaggio in villaggio, facendo la sua inchiesta, e domandando se non ci fosse qualche guzlar o cantastorie errante, noto per eccellente memoria.

Un giorno, racconta Mickiewicz, Stephanovitch scopre un vecchio merciaiuolo ambulante, la cui memoria era piena di canti; lo piglia in casa, lo fa sedere, e poco a poco, mescendogli da bere, gli cava fuori tutti i suoi canti, uno a uno, scrivendoli sotto la sua dettatura, e raccomodando i versi mutilati dall'ignoranza del povero vecchio. Un'altra volta, gli indicano un uomo che sapeva un intero poema; per scoprirlo, si dirige al principe Milosh, eroe che non sapeva scrivere, ma che aveva il fuoco sacro, capiva l'importanza de' canti patriottici, e il principe ordina di cercare quel guzlar. Ora, il famoso cantastorie era un vecchio brigante, pieno di cicatrici, che non si era ancora riconciliato coi panduri e coi gendarmi; ei non capisce la fantasia del principe, ha paura, e non vuol parlare. Riuscirono a sciogliergli la lingua coll'ubbriacarlo, e la letteratura slava conta un capolavoro di più.

Un altro de' guzlar consultati era condannato a morte: credeva alla magia, e aveva uccisa una donna, o, com'egli diceva, una strega, rea d'avergli malefiziato il figliuolo.

Tali sono le sorgenti cui attinsero i poeti che vollero raccogliere la tradizione.

Capitolo XXVI

Ho lasciato Ragusa alle nove del mattino, recandomi direttamente a Cattaro con un piroscafo del Lloyd, e sono giunto in questa città verso le quattro e mezzo. Queste sette ore e mezzo di navigazione, con un bel tempo d'autunno, quando il sole ha perduto un po' del suo ardore, e si può rimaner sul ponte della nave, costituiscono uno dei viaggi più attraenti che si possano fare, giacché a cominciare dal momento in cui, voltando la punta d'Ostro, si entra nelle Bocche di Cattaro, girando le rive di tutti i golfi, si contempla uno spettacolo riguardato da molti viaggiatori come unico al mondo. Le Bocche di Cattaro sono certamente uno dei più bei luoghi della terra; non mai più singolare fantasia della natura, scoppio più terribile, manifestazione più violenta delle sue forze segrete, modificando la superficie in un periodo dell'età del globo, ha dato a un angolo del mondo un aspetto a un tempo più simpatico e più grandioso. Se volessi caratterizzare questo aspetto con dei confronti a portata di uomini più sedentari di me, paragonerei le sinuosità del Mediterraneo nel contornar queste montagne, alle improvvise svolte del lago di Como, e per la tinta ricorderei le insenature del Lago Maggiore; ma le proporzioni sono ben diverse, la latitudine non è più la stessa, e la mente, appena fatti questi raffronti, già n'è scontenta.

Le *Bocche di Cattaro*, le quali, per il loro nome, paiono dover rappresentare all'immaginazione la foce d'un fiume proprio nel punto in cui si getta in mare, sono invece una violenta spaccatura fatta dall'Adriatico nelle alte montagne che lo cingono. Ma la spaccatura non è punto regolare e improvvisa, nè brusca la scarpa delle coste o scogliere; l'onda si è, per così dire, insinuata scalzando la montagna, e ne contorna le rive, formando ora un circo liquido, ora un canale che conduce a una baia. Ciascuno de' passi angusti che permettono alle navi di tragittare da una in altra di queste baie si chiama *Bocca*, e l'insie-

LE BOCCHE DI CATTARO, VEDUTA A VOLO D'UCCELLO,
PRESA DALLE ALTURE DEL MONTENEGRO

CCXXXIII

me ha ricevuto il nome di *Bocche di Cattaro*, perché la città di questo nome è situata in fondo all'ultima baia. La carta del nostro viaggio non è in iscala sufficiente per poter leggervi il nome di ciascuno de' punti in cui i larghi canali si strozzano; la prima Bocca è nell'Adriatico, tra la punta d'Ostro e la rupe di Zaniza; la seconda tra la punta di Cobilla e Lustiza; la terza a Combur; la quarta a Santa Domenica; la quinta alle Catene, e la sesta a Perzagno. Dall'entrata delle Bocche fino a Cattaro ci vogliono due ore di navigazione. La quinta entrata è quella in cui il mare è più rinsarrato, e il canale è così stretto, che nel 1381, quando il re Luigi d'Ungheria cercava difender Cattaro contro i Veneziani, s'appigliò al partito di tendere delle catene da una punta all'altra, donde il nome di *Catene* rimasto al luogo.

Il piroscafo che fa il servizio tra Ragusa e Cattaro (*linea di Dalmazia*) fa soltanto quattro scali: Castel Nuovo, Perasto, Risano e Cattaro. Da Gravosa, porto d'imbarco di Ragusa, fino alla prima entrata delle Bocche, la sola cosa notevole è *Ragusa Vecchia*: la costa somiglia a quella che seguiamo da Trieste in poi; passiamo dapprima davanti all'isola di Lacroma, di cui abbiamo dato il disegno, luogo d'asilo di tutti quei sovrani spodestati che vennero così spesso a chiedere ospitalità ai Ragusei. La città più importante sulla costa è Ragusa Vecchia (*Epidaurum* de' Romani). Non è la *fatale* Epidauro, celebre per gli oracoli, – quella era situata nel Peloponneso, – ma l'Epidauro d'Illiria, rinomata quanto la prima per il suo tempio d'Esculapio. C'è ancora un avanzo di tradizioni: gli abitanti vi mostrano una grotta e vi parlano del serpente consacrato al dio della Medicina. La distruzione della città antica data dal terzo secolo; vi si trovano alcune iscrizioni, delle vestigia di mura e delle monete. La città conta da quattro a cinquemila abitanti. Dopo aver seguita la costa su cui sorgono Gilipyri, Popovichi, Poglizza, si gira la punta d'Ostro e si entra nelle Bocche.

La città addossata al fianco della montagna e seduta alla riva nella prima baia, è la più importante: è Castel Nuovo, di cui porgiamo la veduta, tolta da una fotografia. Era dapprima una fortezza, fondata nel 1373 da Tuartko, re di Bosnia; caduta in mano dei Genovesi, questi la consegnarono agli Spagnuoli, i quali vi stabilirono una guarnigione ed eressero una nuova fortezza, di cui è rimasto il nome: *Spagnuolo*. L'imperatore Barbarossa, nel 1539, assalì la città e passò tutta la guarnigione a fil di spada. Nel 1687 fu assediata di nuovo dai Veneziani; il pascià di Bosnia condusse quattromila uomini per difenderla, ma dovette battere in ritirata. Dopo questa data, Castel Nuovo rimase veneziana fino alla caduta della Repubblica. Nel 1806, avendo i Russi prese le Bocche di Cattaro e chiusa l'entrata colla flotta, s'impossessarono della fortezza, occupandola fino al trattato di Tilsitt, nel 1807. Vennero dappoi i Francesi, i quali la conservarono fino al 1813, in cui cadde in mano della flotta inglese. In fine, nel 1814 vi si stabilirono gli Austriaci, e i trattati del 1815 confermarono il possesso. È la città più importante

VEDUTA DI CASTEL NUOVO ALL'ENTRATA
DELLE BOCCHE DI CATTARO

delle Bocche: molto più ricca di Cattaro, ch'è la capitale, deve contenere diecimila abitanti, di cui oltre la metà appartengono al rito greco. La fortificazione ha molta originalità di carattere; la campagna a fianco alla montagna è ricchissima e di vegetazione rigogliosa. Per la prima volta in questi paraggi il viaggiatore riposa l'occhio su gruppi d'alberi formanti come una selva: parecchie case bianche, ridenti ville dei ricchi Bocchesi, spiccano sopra fondi di verzura; poi a un tratto la vegetazione cessa, si erge la montagna brullata, scoscesa, bianca d'una bianchezza d'argento, e bagnata alla cima da un brillante vapore. Dopo Castel Nuovo, e ben riparati in queste baie ridenti, sorgono proprio alla costa molti paeselli, i cui graziosi profili si riflettono nelle acque profonde; le cappelle sono numerosissime, e su ogni cucuzzolo s'innalzano dei campanili: vi par di vedere la sponda di un lago italiano, da Blevio o Torno fino alla Tremezzina, o da Pallanza a Baveno. Vogate sull'Adriatico, eppure non perdete più di vista le due rive; navigate in un circo di

LE CATENE (BOCCHE DI CATTARO)

montagne che minacciano i cieli, entro baie che succedono le une alle altre, così profonde, così larghe, che tutte le flotte de' due mondi potrebbero ancorarvisi comodamente, al sicuro dalle tempeste.

Dietro quelle cime si stende la Turchia d'Europa: a sinistra avete Trebigne, a destra Grahovo e il Montenegro. Anzi, prima di toccar Castel Nuovo siamo passati davanti a un luogo che è turco, *la Saturina*: è il secondo territorio inchiuso, ceduto all'Impero dalla Repubblica di Ragusa, la quale voleva isolarsi dai possessi veneti, e ai Veneziani ambiziosi preferiva come vicini gli Ottomani feroci.

Passiamo Curbilla, poi Combur, in fine Santa Domenica, e entriamo nella baia più larga, più regolare, quella che forma quasi un circo; ne usciamo per un angusto passo, così esiguo da essere appena percettibile sulle carte: si direbbe che le due punte si raggiungono, e non lascino posto alle navi: sono *le Catene*, di cui diamo il disegno. Non c'è che un chilometro da un promontorio all'altro, e ben si capisce che non è un nome di fantasia.

Appena oltrepassato il canale, la natura cambia, e diventa meno ridente; il fertile territorio di Castel Nuovo è già scomparso; a destra abbiamo Stolivo colle cime ancora ombreggiate, e Stolivo in alto, i cui campanili si distinguono appena in mezzo agli alberi. *Perasto* è quasi dirimpetto alle Catene, sulla riva, sorgente sopra una punta che si avanza nella baia e la separa dalla sesta ed ultima, quella di Cattaro. In questa stessa baia di Perasto, all'uscire dalle Catene, come due navi in panna in mezzo alle acque, emergono due isolette bassissime, di cui porgiamo il disegno: una è l'*isola di San Giorgio*, l'altra la *Madonna dello Scapolare*. La prima contiene un convento greco; e su l'altra si erge una cappella consacrata al culto cattolico e venerata in tutta la regione.

ISOLE DELLA MADONNA E DI SAN GIORGIO (BOCCHE DI CATTARO)

Quivi gli arditi navigatori delle Bocche, questi Dalmati così rinomati come esploratori, vanno in processione a sospendere le loro offerte votive all'altare della Madonna dello Scapolare.

La pittura di questa Madonna d'un carattere bizantino, nel genere delle Madonne di Cimabue o di Taddeo Gaddi, è attribuita a san Luca in persona, e corre in proposito una curiosa leggenda. Raccontano che nel 1452 una mano ignota portò sulla rupe dell'isola quell'immagine sacra, la quale apparve una notte a dei pescatori, cinta di lumi che le facevano come un'aureola. I pescatori la presero, e in pia processione, scortati dalle barche di tutti i Bocchesi che incontravano, la deposero religiosamente nella chiesa di Perasto: il domani con gran stupore di tutti, la Madonna era ritornata nella sua isola. Tre volte vollero riporla sull'altare di Perasto, e tre volte, per un miracolo a cui la maggior parte di questi pescatori prestano fede, essa ritornò ad occupare il posto primitivo. In questa persistenza ad occupare l'isola videro una volontà divina, e gli abitanti di Perasto eressero sul luogo stesso una cappelletta; ciascun abitante possessore d'un battello fu forzato a condurre un carico di pietre, e la chiesa della Madonna fu ben presto costruita. Ogni anno, il 12 luglio, giorno anniversario dell'arrivo dell'immagine di san Luca, i Bocchesi si recano in pellegrinaggio al santuario. Le domeniche di maggio e di giugno celebrano un'altra cerimonia commemorativa: quella della vittoria riportata sui Turchi nel 1654 per intervento della Madonna dello Scapolare.

Anche il 15 agosto, giorno dell'Assunzione, è occasione a una processione solenne: vanno a prendere in gran pompa l'immagine venerata nella cappella dell'isola, e la portano a Perasto. Non abbiamo assistito a nessuna di tali feste, le quali devono avere un carattere sommamente pittoresco: delle centinaia di barche piene d'una folla vestita d'abiti bellissimi seguono la Vergine cantando degli inni. Le montagne, argentee alla cima, sparse al piede di ville, di verzura, di paeselli che si specchiano nell'acqua, formano a cotesta processione sull'Adriatico una decorazione scenica incomparabile.

Leggo nelle mie note, scritte lì per lì sul piroscafo, i nomi di Bellaggio e della Tramezzina. Quei villaggi mi parvero dunque aver l'aspetto di questi graziosi paesi italici seduti sulle rive de' laghi; vedo altresì che il tetto della Madonna dello Scapolare è dipinto in verde, ma in questa natura orientale, siffatti colori inaspettati, che altrove stonerebbero vivamente, non fanno qui che aggiungere un elemento di più al pittoresco.

Risano è a sinistra di Perasto, nella stessa baia, e interamente riparato in un cantuccio. Il luogo è ridente, ma ha perduto importanza, giacché un tempo tutto il golfo si chiamava golfo di Risano: è la *Rhizinium* antica. Tutti gli abitanti appartengono al rito greco; in questa parte delle Bocche, è il luogo in cui il vestiario degli uomini è più singolare; si compone d'un miscuglio di albanese, di greco e di turco, che forma un bellissimo complesso. Ma ritorneremo sulle fogge di vestire dei *Bocchesi*, giacché la materia merita un certo sviluppo. A Risano, una bellissima chiesa erge al disopra delle case le sue torri incompiute: uno dei nostri compagni di viaggio, che scende a Risano, ci dice che ha sempre veduto l'edificio nel medesimo stato. Un ricco abitante del luogo aveva fatto le spese della costruzione, a patto che al monumento fosse dato il suo nome; questa clausola non essendo stata ratificata, egli abbandonò a mezzo l'impresa incominciata.

Capitolo XXVII

Avanzando verso Cattaro, bisogna guardar le due rive; la nave s'inoltra lentamente per attraversare i passi; da ciascun lato, sopra una striscia stretta, che forma una specie di *quai* guadagnato sulla montagna, sorgono graziosi villaggi, e, in mezzo ad essi, alcuni centri importanti: *Persagno*, che, tutto sgranato lungo la riva, non ha quasi nessuna larghezza; *Dobrota*, il punto più ricco del paese; *Mulla*, *Verba*, e infine Cattaro. Man mano che avanziamo verso quest'ultima città, situata in fondo alla baia come in un antro inaccessibile, la natura diventa più dirupata, meno clemente. Il grande e grazioso contrasto delle montagne imbiancate alla cima e coperte alla base di ricca vegetazione, cessa ben presto, e, salvo una linea d'alberi piantati per riparare le banchine di sbarco e fare un passeggio, la rupe severa si erge quasi a perpendicolo, e l'impressione, dianzi tutta graziosa e geniale, diventa penosa ed austera.

Il clima delle Bocche è salubre, il suolo asciuttissimo, e non vi dominano febbri. L'estate è caldissima, la primavera e l'autunno gradevolissimi. L'inverno è più rigido che in ogni altro punto della Dalmazia, giacché le montagne nevose sono vicine, le piogge abbondanti.

I *Bocchesi*, o abitanti delle Bocche, sono riguardati in tutta la Dalmazia come tipi particolari; a Zara, in mezzo ad una folla, vi mostrano un individuo dicendo: "è un Bocchese", perché tutti hanno fisonomia e facoltà proprie. Del loro paese, privo di terra coltivabile, e ch'è soltanto una striscia e una riva situata appiè della montagna, sono riusciti a fare uno de' più ricchi distretti della Dalmazia: e ciò coll'industria, col gusto per la navigazione e il traffico, collo spirito di risparmio. Sono tutti Slavi, anche quelli della costa: punto particolarissimo da notare, giacché fin qui tutta la costa dell'Istria e di Dalmazia è italiana; ma questi ultimi, chiusi nelle Bocche, non sono nelle medesime condizioni, benché abbiano anch'essi sùbita la legge de' Veneziani. Non ho sottomano dei censimenti esatti, da cui ricavare le cifre della popolazione totale delle Bocche, ma venti anni fa essa non oltrepassava le quindici o le ventimila anime. Di queste più di undicimila appartenevano al rito greco e il rimanente al rito romano.

Questi bei villaggi, questi luoghi seducenti – convien dirlo sinceramente – furono campo d'animosità crudeli tra le due comunità, e il tempo non ha ancora placate tutte coteste dissensioni. Gli abitanti si sono naturalmente aggruppati secondo la propria fede, e una famiglia cattolica vivrebbe difficilmente in un centro greco. I preti di quest'ultimo rito sono d'un'ignoranza celebre, la quale ha disgraziatamente il suo riflesso nell'educazione dei fanciulli loro affidati; i cattolici sono diretti da Francescani, i più de' quali fecero i loro studi in Italia o in Austria, e parlano quasi tutti l'italiano e il serbo.

Il Bocchese nasce marinaio, è la sua vocazione; è ardito, avventuroso, fortissimo di costituzione, e inoltre di razza particolarmente bella. La sua ricchezza è il commercio di mare; le principali relazioni sono con Venezia, Trieste e il mar Nero. Quando noleggia una nave, o piuttosto una polacra (una *feluca*, come qui dicono, o un *trabacolo*), conserva a bordo il vestiario del paese natale, e pensa sempre a tornare al suo villaggio. Se assolutamente privi di mezzi, i Bocchesi si fanno marinai per conto d'un armatore o d'un capitano; se hanno un po' di danaro, comperano una barca. Nonostante la piccola dimensione, essendo arditi, accettano un carico, e lo portano fedelmente al porto designato; a poco a poco s'ingrandiscono e fanno il cabotaggio. Ma la tempesta che li minaccia di continuo fa molte vedove e molti orfani. Il capitano del piroscafo mi mostra nel passare, al disotto di Perasto, un villaggio in cui quasi tutte le porte sono chiuse e le case vuote; le vedove, vestite di nero, errano nelle vie abbandonate. Il mare è il campo d'onore dei Bocchesi, e basta un anno fertile di tempeste per spopolare così un intero villaggio. Ma quando sfuggono al furore dei venti, ritornano ricchi talvolta ancora giovani, giacché ne ho veduto molti che avevano vogato nel mondo intero, raggruzzolando una fortuna discreta, e parevano nel fior dell'età. Di ritorno nelle Bocche, vanno difilati al tetto paterno; l'abbelliscono, o costruiscono una nuova dimora, e, se possono, vi aggiungono un pezzetto di terra; ma il suolo è così ristretto, che tut'al più riescono ad avere due o tre piccoli terrazzi sovrapposti, in cui piantano degli olivi. Non hanno nessuna vanità, non cercano di brillare o di sfoggiare la propria ricchezza agli occhi dei vicini; duri verso sé stessi, concentrati, riflessivi, vivono tra di loro. Alcuni dei più ricchi, a quanto mi dissero, hanno dei modelli d'armi di tutti i paesi da loro percorsi, e ne decorano l'abitazione: gusto originato dalla necessità di difendersi a un tempo contro i Turchi e contro i Montenegrini. Da ben poco tempo infatti vivono in sicurezza nella loro baia, la quale, benché dominata da montagne così ardue da non parer superabili da nessun essere umano, è tuttavia accessibile al piede di capra del Montenegrino.

A Dobrota, per esempio, il più ricco di tutti i villaggi delle Bocche, le abitazioni sono separate dal Montenegro per una semplice rupe; perciò le case sono, dirò così, fortificate da un piccolo bastione, traforato da feritoie. La linea di confine è così vicina, che il timore era continuo. I tempi diventano migliori; ma le annate di carestia, la vicinanza d'un luogo ricco come Dobrota, sveglia l'appetito degli scorridori montenegrini, i quali fanno spesso ancora irruzione sul territorio austriaco. I cordoni militari sono impotenti a impedire siffatte incursioni; spessissimo occorrono anche casi di vendetta, nati da collisioni precedenti, e gli abitanti sono costretti a ordinarsi militarmente, e star pronti notte e giorno per difendere il territorio. Nel momento in cui passo, l'abbondanza è enorme; ma nel 1874 i Montenegrini erano forzati a fare cinque giorni di marcia per procacciarsi frumento o granoturco a bordo delle navi, e sulla strada che mena a Ragusa li trovavano morti di fame, tanto quel povero paese della Montagna Nera è scarso di derrate!

Tra Risano e il confine dell'Erzegovina, ad altezza considerevole nella montagna, e non lontano da Grahovo, si può leggere sulla carta il nome d'un villaggio celebre per il carattere bellicoso degli abitanti: è il villaggio di Krivoscje; luogo mal definito, e d'accesso difficile; la legge lo ha evidentemente posto sotto il governo dell'Austria, ma nel fatto, per la situazione, sfugge a ogni regola, a ogni amministrazione. I Krivoscini sono anch'essi Bocchesi, ma vivono nella montagna, e quindi non hanno né i costumi, né le abitudini dei Bocchesi delle rive. La natura mal si acconcia alle divisioni convenzionali degli uomini; ella stessa ha creato dei confini naturali ai diversi paesi del globo, e i costumi di coloro che trovansi così divisi possono differire essenzialmente in ragione degli ostacoli che li separano, siano montagne o fiumi. Ma quando la linea che stabilisce il confine è affatto arbitraria e tracciata da sovrani o da diplomatici, come aspettarsi di veder differire i caratteri e i costumi? I Krivoscini sono dunque realmente Montenegrini: ne hanno l'aspetto, il vestiario, i costumi, le usanze, e altresì l'ardor bellicoso e l'amor della lotta. A chi non sia del paese, è difficile distinguere un abitante di Krivoscje da un abitante di Cettigne o di Rieka.

Nel 1869, il governo austro-ungherese, che ha assimilata tutta la Dalmazia al resto dell'Impero, volle sottomettere i Krivoscini suoi sudditi al sistema militare; ne fu dato l'ordine ai magistrati civili; ma rimase ineseguito. Gli austriaci sono molto paterni nell'amministrazione, ma usano fermezza davanti alla ribellione. Dovettero occupare Krivoscje; e il pugno di montanari che abitano il villaggio avendo ricusato di riceverli, la lotta cominciò.

Il racconto di questa spedizione ricorderebbe i più gloriosi fatti degli annali militari de' Francesi in Africa: Zaatscia, la difesa di Mazagran, e l'ultimo combattimento del colonnello Montagnac. Si videro tre o quattrocento uomini arrestare dei reggimenti interi, tagliarli a pezzi, facendo piovere su di loro, dall'alto delle balze scoscese, le pietre ruzzolate all'entrata delle gole. L'esercito fece prova d'energia, di volontà, di disciplina; ma gli ufficiali superiori sentivano che, ostinandosi a scalare quelle cime, conducevano i soldati ad una morte senza gloria e senza risultati. In tutta la campagna, i Krivoscini perdettero soltanto undici uomini, e non ebbero che settantatrè feriti, mentre nel solo scontro di Knyesowaz gli

Austriaci contarono quindici ufficiali uccisi, tra cui un maggiore. In un altro combattimento, due compagnie di fanteria furono interamente distrutte, senza che gli assediati perdessero un sol uomo. Ho incontrato a Spalato un ufficiale che aveva assistito a quelle dure fazioni: ei mi dipingeva con un'abnegazione commovente la situazione degli Austriaci: "L'ordine era dato, bisognava andare avanti. Il solo sentiero pel quale si potesse raggiungere il nemico era stretto ed arduo: ci slanciavamo al comando, ma ben presto un pesante frammento di rupe falciava le compagnie, mentre pur venivano a decimarle le palle tirate da mani invisibili. Venti volte montavamo, e gli ufficiali superiori, ad ogni rovescio, contavano le perdite che ciascun tentativo ci costava. Eravamo scoraggiati, ma ci comandavano, e noi obbedivamo".

Alla fine ne riferirono a Vienna, e l'Austria arrestò quella carneficina, che le aveva già costato un reggimento intero e parecchi milioni di fiorini. La vittoria rimase ai Krivoscini indomiti, cui fu accordata l'esenzione dal servizio militare fuori del loro territorio, e la diminuzione delle tasse.

Ho detto che il vestiario del Krivoscino può esser confuso con quello del Montenegrino; il lettore può giudicarne dal disegno che diamo, desunto da una fotografia. Il giorno che un ardito operatore ascese la montagna per sottoporli al suo obbiettivo, que' ribelli abitanti del Krivoscje superiore credettero di dover posare la mano sulle armi in attitudini ferocissime, e in tal modo farsi ritrarre. Gran numero di cotesti montanari stabiliti sul versante orientale accorsero a partecipare alle lotte contro i Turchi, in campo contro i Russi e il Montenegro.

Due riti distinti portano naturalmente due vestiari ben definiti per gli abitanti delle Bocche, ma non basta; ciascun villaggio ha il suo, e la tradizione si conserva così pura, che in alcuni disegni eseguiti prima della Rivoluzione francese da un viaggiatore, e che ho sotto gli occhi, riconosco senza fatica ciascuna delle località ove l'artista ha preso i suoi modelli. Il contrasto è talvolta spiccatissimo, e gli abiti differiscono interamente nella forma e nei colori. A Risano, per esempio, gli uomini

I KRIVOSCINI, MONTANARI DELLE BOCCHE DI CATTARO

CCXLVII

usano un largo panciotto bigio e un farsetto ornato di galloni, con bottoni dorati; calze bianche con legaccioli rossi, e un fez rosso come quello del Turco, ma col fiocco d'oro, invece d'essere di seta color azzurro scuro. Portano alla cintura armi ricchissime; il fucile è spesso damascato, col calcio incrostato di madreperla. Non lontano di lì, a Dobrota, il farsetto, le brache, le calze, la cravatta, il berretto, tutto è nero, e il solo punto colorato del vestiario è il leggiero ricamo d'oro che decora il fez e il panciotto. Ma c'è una nota strillante, che distrugge il carattere dell'insieme: la cravatta all'europea sopra la camicia volgare. Del resto, c'è in loro dello spagnuolo, del greco e del francese; i calzoni larghi somigliano molto alla fustanella. Non occorre dire che nelle città come Cattaro e Castel Nuovo il vestiario degli abitanti è quello di tutte le città d'Europa; lì c'è inoltre un mondo d'impiegati tedeschi, tzechi, istriani, ecc.

Le donne si distinguono sopratutto per la profusione de' gioielli che hanno indosso. Nè capelli, spadine a trafori e con teste enormi; triplici e quadruplici collane al collo; ciondoli d'ogni forma nel busto, senza contar la cintura, decorata di grosse piastre a rilievo, d'argento o di rame, secondo lo stato di fortuna.

Ho già indicato qual distanza il morlacco e il contadino slavo dell'interno della Dalmazia pongano tra sé e la donna. Qui, nei villaggi delle Bocche, la differenza è più sensibile ancora: si sente la vicinanza del Montenegro. Questa specie di servaggio in cui gli Slavi del Sud tengono la donna fu attribuita all'abitudine di riservarsi la difesa del suolo, alle fatiche guerresche di cui fanno la grande occupazione della vita; essi abbandonano tutto il lavoro alla loro compagna, e il viaggiatore le vede piegare sotto pesantissimi fardelli, e camminare sempre a piedi attraverso alle montagne, mentre il suo padrone e signore è a cavallo o monta la bestia da soma, unica sostanza della famiglia.

Capitolo XXVIII

La città di Cattaro è la capitale del circolo che comprende Castel Nuovo, Cattaro, Budua, ultima città di Dalmazia, che forma quasi il confine dell'Albania. Il circolo tutt'intero abbraccia centoquattro comuni; è il meno importante della provincia. Da Dobrota a Cattaro c'è appena un miglio e mezzo. La città è addossata alla montagna, in fondo all'ultima baia del canale, all'estremo limite dell'Impero. Lo spazio compreso tra il mare e il confine montenegrino è così angusto, che un pezzo d'artiglieria posto sui picchi della Montagna Nera può colpire le navi nella baia.

Per aver un'idea della singolare posizione della città, il lettore deve gettar gli occhi sulla veduta di Cattaro. Situata sulla riva e dominata da una fortezza, i cui muri di cinta salgono su fino ai primi gioghi della Montagna Nera, si direbbe che per adagiar la città abbiano tagliata la montagna, addossandovi i monumenti e le case. Là sorge una chiesa, la cui facciata principale s'apre sopra una piazzetta a livello col porto, e non ha facciata posteriore, perché si confonde con la montagna, i cui formidabili picchi sorpassano i più alti campanili. È evidente che, in un tempo non lontano, gli abitanti usurparono sul mare lo spazio per formare una banchina e un passeggio; lì, dinanzi alla fortificazione, s'innalzarono de' begli alberi; è il luogo di ritrovo; lì arrivano i piroscafi, e portano la vita in questo cantuccio, cui non giungerebbe nessun eco dagli altri punti del mondo, senza questa via liquida che lo rannoda a Trieste. Giova figurarsi che l'ultima baia, invece di formare un circolo, è un triangolo acutissimo: proprio al vertice di questo triangolo sorge Cattaro, cinta a destra e a sinistra da montagne altissime, che le intercettano i raggi del sole. Quando l'astro brilla di tutto il suo splendore, tocca appena le alte cime, indorandole co' suoi raggi. Nell'estate, Cattaro, posta contro una roccia arida, ha la temperatura insopportabile d'un forno; ma, a cominciar dal settembre, le mattine sono piacevoli.

Mi trovavo qui per la prima volta in ottobre, e già la neve imbiancava la montagna; nelle più belle giornate, fino alle due del pomeriggio, il sole non penetrava nella città; e quando i suoi primi raggi venivano a portar l'allegria e ad avvivare ogni cosa, era già vicino il tramonto. Le piogge sono abbondanti; e poiché, per lo scolo de' torrenti, si è formata nella montagna (il monte Sella) una specie di valle rocciosa, resta vuoto, alla sinistra della città, un ampio spazio, sempre minacciato dalle inondazioni. Se la roccia calcare che separa la baia di Cattaro dall'Adriatico fosse meno alta, il sole illuminerebbe la città, le nebbie che oscurano l'aria e formano come delle nubi in un imbuto si dissiperebbero, e tutte le condizioni sarebbero cambiate. Ma nel breve soggiorno fatto colà, Cattaro mi parve uno de' luoghi della terra in cui, quasi nel cuore della civiltà europea, l'uomo è più isolato. Gli abitanti sono gravi, semplici e coraggiosi, e, tutto sommato, nonostante la posizione poco felice, il clima è sano. Il porto è eccellente: impossibile trovarne uno meglio riparato: sarebbe anzi un ottimo luogo di ritiro per nascondere una flotta.

Entrando dal molo, l'aspetto della città è piuttosto ridente, giacché si sbarca sopra un porto elegantissimo, ombreggiato d'alberi; oltrepassati questi gruppi di piante, si erge la muraglia, e si entra in una fortezza, che porta le tracce de' Veneziani. Lì c'è un certo movimento militare; le caserme sorgono tutte all'entrata. La città propriamente detta è una successione di viuzze, di disegno scontorto, complicato, fiancheggiate da alte case con numerose botteghe. Addentrandosi nella città, si è sempre più dominati dalla montagna, e si sente che l'aria e la luce mancano; ma non si può andar molto lontano, giacché la rupe sbarra il passo. Pure si sente la vita; tutte le altre città delle Bocche sono marittime e agricole. Cattaro è industriale. È il magazzino, è il deposito di tutto il golfo, è l'emporio del Montenegro, che, distante sette ore, fa venir tutto dal porto. La popolazione è di quattro o cinquemila abitanti, di cui tremila sono cattolici. Nella ripartizione generale di tutto il distretto, compresa Budua, i Greci sorpassano del doppio il numero de' catto-

VEDUTA DELLA CITTÀ DI CATTARO

lici. Lì ho veduto alcune piazzette anguste, le cui case a balconi tribolati ricordano quelli de' *Campi* di Venezia; cotesta potente e altera Repubblica ha lasciato dappertutto una fiera impronta del suo dominio. Qua e là, sopra un edifizio pubblico, il leone alato erge l'ala ieratica, e sporge la zampa di ferro. La città è cinta tutt'intera di mura, e ha tre porte, di cui due si chiudono al tramonto; la terza, quella della riva, la porta di Mare, d'aspetto abbastanza monumentale e decorato di bei stemmi e d'iscrizioni, rimane aperta fino a mezzanotte ne' giorni in cui arriva il piroscafo.

Sono entrato in Cattaro verso le quattro. Avevo una lettera di raccomandazione per l'ispettore del Lloyd, e, una quindicina di giorni addietro, la fortuna mi aveva fatto fare il viaggio da Sebenico a Spalato col signor Radamanovich, commerciante di Cattaro, ch'è il corrispondente e l'agente del principe del Montenegro in questa città. Radamanovich doveva essermi utilissimo nella mia escursione nel Principato.

A Cattaro non ci sono alberghi; si trova alloggio presso certi abitanti che ammobigliano le case col proposito di cavarne profitto appigionandole agli stranieri di passaggio. Per delle giravolte in una viuzza oscura, mi condussero alla casa d'un brav'uomo, che mi diede una stanza decente. Sin dallo scendere dal piroscafo, ero seguito da un colosso vestito da montenegrino, il quale aveva gettato sulle spalle il largo *plaid* bruno rigato, che serve a cotesti montanari per tutte le circostanze della vita: ora è un letto, ora un sacco, ora una tenda. Egli pensava, a ragione, che venivo a Cattaro per passare a Cettigne, ed essendo sua industria il dar a nolo dei cavalli per attraversar la montagna, voleva strapparmi la promessa di prenderlo il mattino seguente. Durai molta fatica a schermirmi, giacché desideravo lasciar la cura di questo contratto all'agente del principe, e finii per liberarmene.

Il mio locatore era un personaggio agiato, zoppo, piccino piccino, con barba folta e lunghi capelli, un pifferaio italiano d'una certa apparenza, tutto vestito di nero, col cappello scuro a larghe tese. Mi accolse come un fratello, mi chiese come avessi sopportato il viaggio, s'informò de' minimi particolari, e mi strinse la mano con vera effusione; non potevo capire una tale amicizia.

L'agente del Lloyd si mise gentilmente a mia disposizione, e m'indicò i mezzi di vivere il meglio possibile. Una trattoria abbastanza geniale, situata sul passeggio, e fuori delle mura, riceve i viaggiatori, gli ufficiali della guarnigione e gl'impiegati austriaci. All'ora in cui mi vi recai, tutta la compagnia pigliava il fresco sul porto; e poiché il generale Rodich, governatore generale della Dalmazia, veniva in ispezione a bordo del piroscafo di Zara, ebbi opportunità d'intraveder la fisonomia degli abitanti: differisce poco da quella degli altri porti del litorale; le donne seguono le mode italiane, e quanto agli uomini, venuti per la maggior parte dai quattro punti cardinali dell'Impero, non hanno nulla di particolare. Tutti si considerano qui come in esiglio, e l'arrivo del piroscafo è per loro un avvenimento, oltre che reca a ciascuno notizie de' suoi. Ho trovata grande amenità in tutti i Cattarini ai quali fui presentato, e le persone del popolo mi parvero d'indole dolce e di relazioni piacevoli.

Il mattino, dopo la spedizione della corrispondenza e de' dispacci, corsi al Bazar; mi avevano avvisato che, se arrivassi là un martedì, un giovedì o un sabato, troverei ampia messe di schizzi, giacché è approvvigionato unicamente da Montenegrini.

Il luogo per sé è triste e pittoresco: è una specie di valle di pietra bruscamente aperta dalle acque. I montanari vengono da Niegus e da Cettigne, e fanno sette o otto ore di cammino, portando pesanti fardelli, attraversando una serie di montagne così alte e così ardue, che il cuore si stringe al vedere le disgraziate donne mezzo nude che scendono curve sotto il carico. La pietanza è magra: un po' di patate, un po' d'ova, alcuni polli scarni, e sopratutto delle fascine, formano tutte le provvigioni che vi si trovano. La dura missione di portar que' fardelli grava sulle Montenegrine, le quali di solito li caricano sulla testa. Talvolta i montanari spingono davanti a sé alcuni montoni, che vengono a vendere al mercato, e la stazione che fanno alla porta della città è uno spettacolo interessante per un artista. Il signor Valerio ha disegnato

UNA BOTTEGA MONTENEGRINA AL BAZAR DI CATTARO

appunto al mercato quel giovane Montenegrino che fa arrostire il montone all'albanese, e, seduto gravemente davanti al fuoco, gira lo spiedo di legno.

Questo mercato è vigilatissimo dall'autorità, giacché sorgono spesso delle controversie tra coloro che vi vengono e gli abitanti. Le donne hanno il diritto d'entrar in Cattaro; ma, per molte ragioni, il numero de' Montenegrini che possono girare è limitato. Devono inoltre deporre le armi all'entrare in città, e, a questo intento, vigila una sentinella alla porta di Mezzodì, sulla quale ho notata un'iscrizione di forma abbastanza elegante, e che ricorda la valorosa difesa fatta da Cattaro assediato. Questo bazar è speciale ai Montenegrini, e la porta della città sbocca sulla via che mena al Montenegro; ma nella parte che costeggia l'Adriatico s'apre un altro mercato, più abbondante e più variato, fornito dai Bocchesi venuti dai villaggi della riva, in cui la terra è più fertile e dà maggiori prodotti.

IL MONTONE ALL'ALBANESE

Il contrasto è spiccatissimo tra l'aspetto delle contadine delle Bocche e la povertà delle loro compere; sono coperte di gioielli, e tirano fuori di tasca con circospezione dei centesimi, con cui comperano vivande stranissime, piedi di bue bolliti coll'unghia, pani neri che paiono fatti di paglia mal tagliuzzata. E i Montenegrini che vengono a vendere un fardello di due franchi, portano alla cintura delle armi che devono aver pagato carissimo, e che spesso costituiscono tutta la loro sostanza.

Cattaro sorge sull'area della città romana *Ascrivium*. I Saraceni di Sicilia se ne impadroniscono nell'867; gli abitanti, dispersi nella montagna, ritornano e costruiscono la fortezza; la città gode libertà, colla forma di repubblica, sotto la protezione de' re di Serbia, fino al 1178. Le monete cattarine di quel tempo si chiamano *trifoni*, perché hanno l'effigie di san Trifone, il patrono della città. Alla fine del duodecimo secolo vi regnano gl'imperatori greci, poi ritorna ancora la Serbia. I cavalieri templari, nel momento in cui prendono Clissa, Knin, Novigrad e Vrana, s'impossessano anche di Cattaro; ma la conservano poco tempo, e il loro ordine è soppresso nel 1312.

Nel 1367, il re di Serbia, Stefano Urosh, essendo morto, e i Cattarini vedendo i loro alti signori inabili a difenderli, reclamano l'appoggio di Luigi, re d'Ungheria, che diventa loro protettore fino al 1378, anno in cui i Veneziani assediano la città.

Il dominio della repubblica di Venezia è affatto passeggiero; la città ritorna a Luigi, che muore nel 1382. A questa data la città cade in mano di Tuartko I, re di Bosnia, e rimane bosniaca fin sotto il regno di Cristich Ostua. I Ragusei sono allora all'apogeo, e fanno la guerra ai Cattarini; dal loro canto, i Turchi vedono crescere la loro potenza al punto da minacciar tutta la Dalmazia; Cattaro inquieta si dà a Venezia. Ma, prima di chiamar in aiuto la Repubblica, i magistrati della città fanno precedere all'atto di dedizione un trattato, per il quale gli abitanti si riservano il diritto di eleggere i magistrati e di conservare le antiche leggi; v'inseriscono anzi una condizione degna di servir d'esempio agli altri popoli: stipulano che i Veneziani non potranno mai cedere la loro città ad altra potenza, e che, se dimenticano un tale impegno, Cattaro, svincolata verso di loro, ripiglierà immediatamente l'indipendenza primitiva.

Questa cessione di Cattaro pose il sigillo alla potenza di Venezia nell'Adriatico, poiché ne possedeva tutte le rive, dalle bocche del Po fino a Corfù. E bisognava aggiungere ancora Candia, Negroponte, tutta la costa di Morea, parecchie isole dell'arcipelago, e degli stabilimenti in quasi tutti i porti dell'Oriente.

La città non aveva leggi scritte; i suoi statuti erano quelli delle antiche città romane. Questa condizione si modificò naturalmente, e vennero adottati i regolamenti e le usanze de' Veneziani; ma questi non furono pacifici possessori, giacché nel 1538 i Turchi assediarono Cattaro; nel 1657 ritornarono, e furono ancora respinti. Tra questi due episodi, nel 1567, un terribile terremoto distrusse intieramente la città, due terzi degli abitanti vi perirono. Era giorno di mercato, e gran numero di stranieri rimasero sepolti sotto le macerie. La situazione di Cattaro sotto la montagna rendeva un tal disastro molto più pericoloso che in ogni altro luogo. Tuttavia, l'attività de' Veneziani fu tale che la città fu benpresto riedificata: il che spiega perché Cattaro, datasi a Venezia nel 1420, presenti soltanto dei monumenti del secolo decimosesto.

Nel 1753, il governo di San Marco violò la convenzione del 1420, e accordò certi diritti nuovi ai nobili. La città si rivoltò; i governanti vollero punirla, ma una parte della popolazione, sommamente altiera e indipendente, emigrò sul territorio ottomano. Due anni dopo, nel 1755, scoppiò una nuova rivolta, e ottanta famiglie dalmate passarono sul territorio ottomano; alcune altre emigrarono nella Russia meridionale. Giacché le navi russe cominciavano a frequentare cotesti paraggi. Nondimeno Venezia regnava sempre, e ci volle la caduta della Repubblica perché l'Austria divenisse padrona della città. Nel 1806, quando la Dalmazia fu ceduta ai Francesi, i Russi posero la mano sopra Cattaro; ma il trattato di Tilsitt li forzò a sgombrar il paese. Nel 1813 vennero gl'Inglesi ad assalirvi i Francesi; sir Guglielmo Hoste sbarcò un corpo di truppe, e queste, sotto gli occhi del generale Gauthier, che aveva dichiarato impossibile salir la montagna con un cannone, piantarono delle batterie al di sopra della cittadella, e presero la città in dieci giorni. In quella posizione inaudita, a quella prodigiosa altezza, gl'Inglesi non perdettero un solo uomo, e tutta la guarnigione francese fu fatta prigioniera. Tuttavia, essendo scoppiata la discordia tra gli Austriaci e gl'Inglesi, questi ultimi sgombrarono Cattaro, e la città cadde nelle mani del vladika del Montenegro, desiderosissimo, allora come adesso, di possedere un porto sull'Adriatico; ma, il 14 giugno 1814, il vladika dovette restituir Cattaro all'Austria, la quale la conservò definitivamente, con tutta la Dalmazia, in forza de' trattati di Vienna.

Indice

VII Per il lettore

DALMAZIA

XI Capitolo I
XVII Capitolo II
XXI Capitolo III
XLI Capitolo IV
XLVII Capitolo V
XLIX Capitolo VI
LIX Capitolo VII
LXIII Capitolo VIII
LXVII Capitolo IX
LXXXIII Capitolo X
LXXXIX Capitolo XI
CI Capitolo XII
CXIII Capitolo XIII
CXIX Capitolo XIV
CXXV Capitolo XV
CXXXIII Capitolo XVI
CXLIII Capitolo XVII
CXLIX Capitolo XVIII
CLIX Capitolo XIX
CLXVII Capitolo XX
CLXXI Capitolo XXI
CLXXV Capitolo XXII

CCLXI

CLXXXI	Capitolo XXIII
CXCIX	Capitolo XXIV
CCXXIII	Capitolo XXV
CCXXXI	Capitolo XXVI
CCXLI	Capitolo XXVII
CCXLIX	Capitolo XXVIII